KB181783

유튜버가 알려주는 모바일 앱

▶ YouTube

드론
나혼자
코딩

| 문근민 · 박현택 저 |

DIGITAL BOOKS
디지털북스

유튜버가 알려주는 모바일 앱

드론
나혼자
코딩

| 만든 사람들 |

기획 IT·CG기획부 | **진행** 박예지 | **집필** 문근민 · 박현택 | **편집디자인** 디자인숲 · 이기숙
표지디자인 D.J.I books design studio 최혜은

| 책 내용 문의 |

도서 내용에 대해 궁금한 사항이 있으시면
저자의 홈페이지나 디지털북스 홈페이지의 게시판을 통해서 해결하실 수 있습니다.
디지털북스 홈페이지 www.digitalbooks.co.kr
디지털북스 페이스북 www.facebook.com/ithinkbook
디지털북스 카페 cafe.naver.com/digitalbooks1999
디지털북스 이메일 digital@digitalbooks.co.kr
저자 이메일 g.moon@theflagracing.com / orgpark+drone@gmail.com
저자 유튜브 진짜리뷰 DoDrone

| 각종 문의 |

영업관련 hi@digitalbooks.co.kr
기획관련 digital@digitalbooks.co.kr
전화번호 (02) 447-3157~8

머리말

드론이라는 존재를 처음 인지했던 것은 지금부터 6~7년쯤 전 우연히 외국 교수가 출연한 TED 영상을 보면서였다. 이 영상은 지금은 드론계의 고전이 되어버렸지만 Vijay Kumar 라는 그의 이름으로 검색하면 여전히 유튜브 등에서 찾아볼 수 있다. 영상 속의 드론들은 현재 우리가 알고 있는 매끈한 드론의 모습과는 다르게 매우 조잡한 형상이었지만 그 당시 나는 재주를 넘고 자동으로 비행하는 그 모습에 충격을 받았다. 심지어 매우 복잡한 군집비행까지 자유자재로 해내는 자그마한 비행물체에 매료되었던 것은 그때부터였다.

그 때 이후로, 즉 국내에 드론이라는 존재 자체가 별로 알려지지 않았던 무렵부터 드론과 관련된 일을 해왔다. 2016년도 겨울에는 평창에서 제1회 국제 드론 스포츠 대회를 열기도 했고, 이후에는 유튜브에서 드론 관련 전문 채널인 두드론을 운영하기도 했다.

그 동안 시중에 판매되는 드론은 많은 발전을 거듭했고, 국내의 드론 저변 또한 이전과 비교할 수 없을만큼 넓어졌지만 아직까지도 드론은 여전히 쉽게 접하기 힘든 존재로 남아있다. 이것은 내가 주변에서 가장 많이 받는 질문 중 하나가 "어떤 드론을 사는 게 좋아?" 인 것을 보면 알 수 있다.

사람들이 드론에 궁금증을 가지는 것들이 무언가 거창하고 대단한 것이 아니라, 아주 기초적이고 기본적인 것들이라는 것을 그동안의 경험으로 알고 있다. 또한 나는 그 정보들을 어디에 가면 얻을 수 있는지 알고 있지만 동시에 한군데에 잘 정리되어 있지 않아 초보자는 잘 찾기 어렵다는 것을 알게 되었다.

이 책은 바로 이러한 문제의식에서 시작되었다. 드론에 처음 입문하는 사람들이 이 책 한 권만 봐도 쉽게 관련 내용을 습득할 수 있도록 하는 것이 1차 목표였고, 드론에 흥미를 가진 사람이 계속해서 드론의 다양한 재미를 느낄 수 있게 하는 것이 2차 목표였다. 따라서 이론적인 내용은 아주 필수적인 것들만 최소한으로 구성하여 책의 초반부에 넣고, 그 후에 바로 재미있는 실습으로 들어갈 수 있도록 책을 구성했다. 하지만 책의 내용이 빈약하지 않도록 추가적인 내용도 책의 후반부에 넣어놨으니 필요한 부분을 참고하면 좋을 것이다.

드론 외에 이 책을 관통하는 또 하나의 축은 바로 코딩이다. 사실 드론보다 코딩에 더 방점이 찍혀있다고 볼 수 있다. 코딩의 중요성에 대해서는 굳이 선진국의 사례를 들지 않아도, 이미 국내에서도 초등학교부터 코딩이 정규 교육과정에 편성되었다.

개인적으로, 드론이 어렵고 복잡한 것이라는 편견을 깨는 가장 좋은 수단이 아주 쉽게 코딩할 수 있다는 것을 보여주는 것이라고 생각한다. 마침 코딩 열품의 바람을 타고, 시중에 토이드론을 블록 기반으로 쉽게 코딩할 수 있는 제품들이 속속 등장하고 있는 상황이었다. 또한 드론은 그 자체로 아이들의 흥미를 유발할 수 있다는 점에서 코딩 교재로 활용하기 무척 좋은 아이템이다.

한편 이 책의 대상은 위에서 말한 것처럼 초심자이다. 초등학교 고학년부터 중학생 수준에서도 쉽게 따라할 수 있게 내용을 구성하였고, 드론이나 코딩에 대해서 전혀 몰라도 상관없도록 쉽게 쓰려고 노력했다. 다만 책에서 담고 있는 내용은 전혀 유치한 내용이 아니므로, 자녀를 둔 부모나 학생들을 가르치는 선생님도 참고하면 좋을 것이다.

만약 의도와 다르게 책이 어렵게 느껴진다면 전적으로 필자의 역량이 부족한 탓이라고 생각한다. 책을 또 쓸 일이 있을지는 모르겠지만 다음 기회가 있다면 더 쉽고 재미있게 쓰고 싶은 아쉬움이 있다.

이 책을 다 읽고나면 적어도 드론을 날리거나 코딩할 때 반드시 필요한 필수지식들은 습득한 상태가 될 것이다. 그리고 생각보다 드론이 어려운 존재가 아니라는 것을 깨닫게 된다면 이 책의 본분을 다 한 것이라고 생각한다.

끝으로 이 책을 쓰는 데에 도움을 준 공저자 박현택 형님께 감사의 말씀을 전한다. 처음 써보는 책을 붙들고 헤매고 있을 때 함께 짐을 나눠들어 주어서 책을 완성할 수 있었다. 그리고 업무에 지쳐서 힘들 때 옆에서 항상 응원해 줬던 여자친구에게도 언제나 사랑과 감사를 전한다. 마지막으로 못난 아들, 동생 걱정에 잠 설치시는 부모님과 형에게 평소에는 잘 하지 못했던 사랑한다는 말을 이 기회를 빌어 드리고 싶다.

저자 문근민

머리말

어릴 때부터 컴퓨터를 매우 좋아했음에도 불구하고 20여년 전 처음 C언어를 접했을 때, 난 전혀 흥미를 느끼지 못했다. 스크린에 재미도 없는 글자 몇 글자 찍기 위해 그보다 훨씬 많은 양의 코드를 짜고 컴파일러와 씨름하는 일보다는 밖에서 축구를 하는 것이 훨씬 재미있었다.

대학교때 매우 간단한 게임을 만드는 과제가 있었다. 하나씩 하나씩 하드코딩하면서 숫자들을 바꿔나가면서 어떻게 내가 만든 게임이 변하는지를 관찰하면서 시간가는 줄을 몰랐던 기억이 난다. 그 때부터 코딩에 흥미를 느끼기 시작해서 아직도 즐겁게 프로그래머라는 직업으로 살아가고 있다.

몇 달 전, 매우 경력이 많은 어떤 시니어 개발자께서 처음 코딩을 배워보고 싶다고 하는 까마득한 후배에게 C와 C++부터 시작하라는 말씀을 하셨다는 이야기를 듣고 속상했던 기억이 있다. 우리 주변에 보면 내가 어렵게 정석이라는 이름으로 고생스럽게 배웠기 때문에 후배들에게 쉽게 배울 수 있는 방법을 가르쳐주지 않고 쉬운길로만 가려고 한다고 핀잔을 주는 선배들을 심심치 않게 볼 수 있다.

문근민 대표가 이 책을 쓰자고 했을 때, 흔쾌히 응한 이유는 사람들이 코딩을 조금 더 쉽게 접할 수 있기를 바라는 마음이었다. 프로그래밍을 처음 시작하는 사람에게 화면에 몇 글자 찍게 하는 것보다는 내가 적은 코드로 드론을 띄우고 움직이게 하고 내가 원하는 곳에 착륙하게 하는 작업이 훨씬 재미있을 것이라고 확신한다. 불과 몇 줄 안되는 코드로 말이다. 그 과정에서 프로그래밍의 기본적인 요소인 변수, 함수, 반복문등을 충분히 익혀나갈 수 있다.

보다 많은 사람들이 더 쉽고 재미있게 코딩에 접근할 수 있었으면 좋겠다. 그 후에 관심과 재미가 생기면 필요한 부분들을 차근 차근 공부해 나가면 된다. 딱딱하고 두꺼운 책과 씨름하지 않아도 인터넷에 너무나도 많은 자료들이 넘쳐난다. 참 공부하기 좋은 세상이다.

여러분의 즐거운 공부를 응원한다.

공저자 **박현택**

CONTENTS

PART 03 드론 코딩의 활용 – 패럿(Parrot)맘보

CONTENTS

PART 04 드론 코딩의 심화 – 코드론

PART
05 드론의 이해 2 : 더 알아보기

CONTENTS

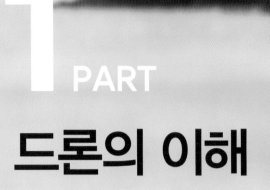

1 PART

드론의 이해

{01} 드론 코딩을 소개합니다.

드론 코딩이란 무엇인가?

드론 코딩은 다양한 의미로 쓰일 수 있습니다. 드론을 만들 때 드론의 자세제어, 위치제어, 비행제어 등을 프로그래밍하는 것을 의미할 수도 있고, 완성된 드론을 활용하는 프로그램을 짜는 것을 의미하는 경우도 있습니다.

다만 이 책에서 말하는 드론 코딩은 드론을 만드는 경우가 아니라, 이미 완성된 드론을 활용해서 코딩을 통해 다양한 비행을 수행하는 것을 의미합니다.

왜 드론 코딩을 해야하는가?

우리는 코딩은 재미있어야 한다고 생각합니다. '코딩'이라고 하면 대개 일단 전문적이고 어려운 무언가로 생각하는 경향이 있지만 사실 코딩은 원리만 습득하면 자신의 생각과 계획을 현실에 나타낼 수 있는 아주 재미있는 창작 활동입니다.

드론은 이러한 재미있는 코딩용으로 매우 적합합니다. 단순히 화면에서만 캐릭터가 움직이는 게 아니라 자신이 짠 코드대로 실제 세계의 드론이 움직이는 모습을 확인하는 것은 아주 큰 학습 효과가 있습니다. 또한 드론은 그 자체로 매우 흥미를 유발시키는 존재이기도 합니다. 실제로 아이들이 모여있는 장소에 드론을 가지고 나가면 아주 폭발적인 반응을 경험할 수 있습니다.

누구를 위한 책인가?

이 책은 어린이 및 청소년에게 코딩 및 논리적인 사고와 창의적인 학습 능력을 가르치고자 하는 모든 사람을 대상으로 합니다. 기본적으로 코딩이나 드론을 전혀 경험해보지 않은 어린 학생들을 대상으로 하지만 아이들을 가르치고 싶은 학부모나 교사 또한 염두에 두고 내용을 작성하였습니다. 학생의 수준에 따라 다르겠지만 기본적으로 초등학교 고학년부터 중학생 수준의 학생이 이 책의 대상입니다.

무엇이 필요한가?

시중에 생각보다 많은 드론이 코딩 교육을 지원하도록 출시가 되어 있습니다. 다만 이 책에서는 그 중 품질이 어느정도 검증되었다고 생각되는 토이드론 몇 가지를 골라서 내용을 작성했습니다. 독자들은 이 드론들 중 본인의 마음에 드는 한가지를 준비하면 됩니다.

각각의 드론은 독립된 챕터로 작성되었기 때문에 본인의 드론에 해당되는 내용만 골라서 볼 수 있습니다. 또한 각 챕터마다 드론을 코딩하기 위해 필요한 준비물 및 프로그램 다운로드와 설치법 등을 적어두었으니 참고하기 바랍니다.

{02} 드론을 날리기 전 주의사항

드론 코딩의 세계에 온 것을 환영합니다!

단순히 드론을 손으로 조종하는 장난감에서 벗어나서 코딩을 통해 드론을 자유자재로, 여러분의 생각대로 움직일 수 있습니다. 여러분의 상상력에 따라서 보다 다양하고 재미있는 움직임을 창조할 수 있습니다.

다만 드론은 프로펠러로 움직이는 물체이기 때문에 자칫 잘못하면 위험할 수 있습니다. 드론을 날리기에 앞서 반드시 주의해야 하는 사항을 알아봅시다.

첫째도 안전, 둘째도 안전!

드론을 날릴 때 가장 중요한 것은 안전입니다. 기본적으로 단단한 프로펠러가 고속으로 회전하기 때문에 큰 부상을 입거나 사망하는 경우도 나올 수 있습니다. 우리가 이 책에서 사용하는 드론은 작은 토이드론이지만 이 경우도 눈과 같은 약한 부위에 잘못 맞으면 아주 위험한 결과를 초래할 수도 있습니다. 인터넷에서 '드론 사고'로만 검색해도 아주 많은 사고 사례가 나옵니다.

기본적으로 드론을 날릴 때에는 적어도 반경 1m 이내에 사람이 없는 상태에서 이륙을 해야 하고, 이륙전에 주변 사람들에게 알린 상태에서 이륙을 해야 합니다. 실내에서 날리는 경우에도 주변에 장애물이 없는 넓은 공간에서 날리는 것이 좋고, 특히 아직 조종이 미숙한 경우 좁은 공간에서의 비행은 피해야 합니다.

드론에 보통 동봉되어 있는 날개 보호 가드를 장착하는 것도 좋은 방법입니다. 사고를 완벽하게 막아줄 수는 없어도 적어도 부상의 위험을 줄여줄 수는 있습니다.

어디에서 날려야 하나요? 어디에서 날리면 안 되나요?

먼저 드론은 무게가 12kg을 넘는지를 기준으로 나닙니다. 드론의 무게가 12kg 이상이거나 사업용으로 사용하는 드론이라면 까다로운 절차를 따라야 하지만 우리가 사용할 드론은 아주 작고 가벼운 취미용 드론이기 때문에 그렇게까지 복잡하진 않습니다. 앞으로 쓰이는 내용은 우리가 사용할 토이드론을 기준으로 설명하도록 하겠습니다. 조금 더 자세한 법규정 관련 내용은 책의 뒷부분 부록을 참고하시기 바랍니다.

[12kg 짜리 드론은 보통 농약을 뿌리는 사람만한 드론입니다]

일단 실내에서 드론을 날리는 경우 특별한 제약이 있지는 않습니다. 드론을 날리기에 충분히 밝고 넓은 공간이면 되고, 영화관이나 콘서트장처럼 사람이 많이 밀집되어 있는 곳이 아니면 괜찮습니다.

하지만 보통 드론을 가지게 되면 탁 트인 바깥에서 날려보고 싶어집니다. 그리고 초보일수록 조작이 서툴기 때문에 좁은 공간보다 아주 넓은 공간에서 연습을 해야 합니다. 예를 들면 학교 운동장 같은 곳 말입니다.

야외에서 날릴 때에는 **비행금지구역**을 주의해야 합니다. 비행금지구역은 드론과 같은 초경량항공기의 비행이 금지되어 있는 곳입니다. 휴전선 접경지역, 청와대 인근, 원자력연구소 및 원전 상공과 같이 보안상 아주 중요한 곳들이 비행금지구역으로 설정되어 있습니다. 또한 **전국의 공항 및 비행장의 반경 9.3km 지역**에서도 원칙적으로 비행이 금지되어 있습니다. 해당 지역에서 이착륙하는 항공기와의 충돌 우려 때문입니다.

[전국의 비행금지구역 (사진 = 와우드로)]

비행금지구역과 관제권을 확인하는 방법은 어플을 통한 방법이 가장 쉽습니다. 많은 어플들이 있지만 대표적으로 DRONE PLAY 어플을 추천합니다. 드론을 날릴 수 있는 곳과 날리면 안 되는 곳이 가장 보기 편하게 정리되어 있습니다.

인터넷으로 확인을 하려면 '와우드로 비행지도'를 검색해서 들어가면 잘 정리되어 있습니다.

비행금지구역이 아니더라도 고도 150m 보다 높게 드론을 날리면 안됩니다. 물론 우리가 사용할 토이드론은 150m 까지 올라가지도 못하겠지만 성능이 좋은 드론으로도 그렇게 높이 날리면 안됩니다. 비행기나 헬기와 충돌할 우려가 있기 때문입니다. 다만, 이 조항은 300m 로 개정될 예정이라고 하니 얼른 바뀌었으면 좋겠습니다.

일단 서울의 대부분 지역은 야외에서 드론을 날리면 안된다고 보면 됩니다. 조금 허무하죠?

군사적으로 분단 국가인 현실때문에 보안상 어쩔 수 없는 면이 있기는 하지만 사실 드론을 좋아하는 입장에서 무척 아쉬운 게 사실입니다. 다만 최근에 관련 규제를 완화시키자는 논의가 활발하니어서 개선이 되었으면 합니다.

대신에 서울에도 드론을 날릴 수 있게 마련된 공간들이 있습니다. **광나루 한강드론공원** 같은 곳에서는 눈치보지 않고 날려도 됩니다. 인기가 많아서 주말에는 사람들이 많습니다.

서울에서도 비행금지구역이 아니라면 사전신청을 해서 승인을 받으면 비행을 할 수는 있습니다. 절차도 예전보다 간략해져서 인터넷으로 쉽게 신청할 수 있습니다. 사전신청하는 방법은 책 뒤의 부록을 참고해 주시기 바랍니다.

언제 날릴 수 있나요? 언제 날리면 안되나요?

이것도 실내에서 비행할 경우에는 특별한 제약사항은 없습니다. 드론을 날리기에 충분할 정도로 밝기만 하면 됩니다. 참고로 드론을 날릴 때 밝기는 무척 중요합니다. 드론의 비행제어 센서들이 어두우면 잘 작동하지 않는 경우가 많고, 조종자도 어두우면 위급상황에 잘 대처하지 못할 가능성이 높아집니다.

실외에서 비행할 경우에는 일출과 일몰시간 사이에만 비행을 할 수 있습니다. 즉 일몰 이후 야간에는 비행이 금지되어 있습니다. 이것도 마찬가지로 안전 때문입니다. 어두우면 조종자가 드론의 위치 확인이 어려워지고 추락이나 사고로 연결될 수 있습니다. 야간에도 굳이 비행을 하고 싶다면 사전승인을 받으면 가능합니다. 하지만 야간 비행은 보통 승인이 잘 나지 않고 위험성 때문에 개인적으로 추천하지 않습니다. 그냥 밝은 낮에 비행을 즐기는 것을 추천합니다.

무엇을 신경써야 하나요?

야외에서 날릴 때는 신경써야 할 것들이 조금 더 있습니다. 드론이 눈에 보이는 범위내에서만 날려야 합니다. 조금 어려운 말로 시계비행을 해야 합니다. 조종자의 눈에 보이지 않는 정도로 멀리 날릴 때에는 적합한 장비를 갖추고 추가로 허가를 받아야 합니다. 일반적으로 덩치가 큰 드론은 3~400m 정도까지 보이지만 우리가 사용하는 토이드론은 100m 정도만 되도 눈에 잘 안 보이니 주의해야 합니다.

또 날씨도 신경을 써야 합니다. 대부분의 드론은 방수가 안 되기 때문에 눈이나 비가 올 때는 비행을 자제해야 하고 지자기란 것도 신경을 써야 합니다. 우리가 다루게 될 토이드론은 보통 해당이 되지 않지만 요새는 20만원 정도로 조금만 비싼 드론을 구매해도 보통 GPS 및 지자기 센서가 들어가게 됩니다. 따라서 이러한 센서가 탑재된 드론은 지자기 지수가 높을 때에는 신호가 교란될 가능성이 높기 때문에 비행을 삼가야 합니다.

---

*지자기란?

지구를 중심으로 자기장이 형성되어 있는데 이것을 지구자기장, 줄여서 지자기라고 합니다. 보통 드론에 탑재된 지자기 센서는 이 지구자기장을 측정해서 드론의 방위를 결정하는 나침반 역할을 수행하게 됩니다. 하지만 태양의 활동에 따라서 이 지자기가 교란되게 되는데 이것을 지자기 교란이라고 합니다.

태양의 흑점 활동같은 것 들어보셨죠? 지자기가 교란되면 드론이 방위를 파악하기 어렵게 되고 GPS 같은 전파신호도 간섭을 많이 받게 됩니다. 이런 지자기 교란 정도를 측정해서 정보를 알려주고 있는데요. 보통 KP지수를 많이 씁니다. 수치가 높을수록 교란되는 정도가 크고 대략 5 이상이면 드론 비행을 자제하도록 안내하고 있습니다.

이 KP지수는 대부분의 드론 비행정보 안내 어플에서 알려주고 있으니 비행할 때 참고하면 됩니다.

▸ 지자기 교란 (지자기 폭풍)

등급		예상되는 피해	관측값*	평균발생횟수
G1	(((•)))	▸ **전력시스템** : 약한 전력망 동요현상이 일어날 수 있음 ▸ **위성시스템** : 기능 및 운용에 약한 장애 발생가능 ▸ **기타** : 계절에 따라 이주하는 동물의 항법기능에 영향을 줄 수 있음	Kp=5	태양활동 1주기 당(11년) 약 1700회
G2	(((•)))	▸ **전력시스템** : 고위도지역 전력시스템에 전압 불안정 현상이 나타날 수 있으며 장시간 지속될 경우 변압기 손상이 있을 수 있음 ▸ **위성시스템** : 지상관제소에서는 위성의 자세보정 또는 궤도수정이 필요할 수 있고 끌림현상 발생 가능 ▸ **기타** : 고위도에서는 HF통신 장애가 발생할 수 있음	Kp=6	태양활동 1주기 당(11년) 약 600회
G3	(((•)))	▸ **전력시스템** : 전압보정이 필요할 수 있으며, 일부 보호시스템에 오작동 발생 가능 ▸ **위성시스템** : 인공위성에 표면전하현상이 발생할 수 있으며 저궤도위성의 경우 끌림현상이 증가하므로 자세보정이 필요할 수 있음 ▸ **기타** : 위성 항법시스템, 저주파 항법시스템 및 HF 통신에 간헐적으로 문제가 발생할 수 있음	Kp=7	태양활동 1주기 당(11년) 약 200회
G4	(((•)))	▸ **전력시스템** : 전압제어 문제의 광범위한 확산 및 일부 보호시스템의 오작동으로 주요 전력망 기능이 상실됨 ▸ **위성시스템** : 인공위성에 표면전하현상 및 위성추적에 문제 발생 가능하며, 위성 자세 제어가 필요할 수 있음 ▸ **기타** : 송유관에 수시간 동안 유도전류가 발생하여 제어 및 보호시스템에 문제가 발생하며, HF 통신, 위성항법시스템, 저주파 항법에 장애가 발생할 수 있음	Kp=8	태양활동 1주기 당(11년) 약 100회
G5	(((•)))	▸ **전력시스템** : 광범위한 지역에 걸쳐 전압에 문제가 발생할 수 있으며, 일부 시스템에서는 오작동으로 전력망의 전력 전송체계가 완전히 훼손되고, 변압기가 파손될 수 있음 ▸ **위성시스템** : 인공위성에 표면전하현상, 위성추적 및 상/하향 링크에 문제가 발생 할 수 있음 ▸ **기타** : 송유관 보호장비에 수백 암페어의 유도전류가 발생할 수 있으며, 광범위한 지역에 HF 통신, 위성항법시스템, 저주파 항법시스템 장애가 수일동안 발생 가능	Kp=9	태양활동 1주기 당(11년) 약 4회

* 현재의 지자기 수평성분과 태양활동이 조용한 날의 지자기 수평성분 차이를 3시간 간격으로 측정하여 0부터 9까지 등급화시킨 것을 K지수라 하며 지구전역에 분포(미국 불더 등 10여개)하고 있는 관측소에서 각각 계산된 K값의 평균을 Kp지수라 한다.

[출처 : 국립전파연구원 우주전파센터 http://spaceweather.rra.go.kr/notification/levels]

이렇게 쓰고보니 생각보다 제약사항이 많지요?

드론을 날리는 게 쉽지는 않지만 무엇보다 안전과 보안을 위해서 독자 여러분은 주의사항을 잘 지켜서 날리도록 합시다. 보다 자세한 규정은 책의 뒷부분에 넣어두었으니 참고하도록 합니다.

자, 그러면 이제 드론을 날리기 전 기본적인 내용을 다 알아봤으니 실제로 드론을 날려보도록 합시다. 이제 본격적인 드론 코딩의 시작입니다!

2 PART

드론 코딩의 기초
– DJI 텔로

이번 챕터부터 본격적으로 드론 코딩을 시작합니다. 이 챕터에서는 DJI 라는 회사의 텔로(TELLO)라는 토이드론을 활용하는 방법을 알아보겠습니다.

{01} 드론계의 애플 DJI

[세계 1위 드론 회사]

DJI 는 영어 이름이라서 미국 회사로 알고 있는 분도 있지만 중국 심천(深□)에 위치한 중국 회사입니다. 2006년에 설립된 비교적 신생 스타트업입니다. 하지만 드론계에서 가지고 있는 위상은 엄청납니다. 말그대로 경쟁자가 없는 수준의 독점적인 업체로 매출도 매우 빠르게 성장하고 있어서 2017년 매출이 수조원을 넘을 것으로 생각됩니다.

보통 중국에서 생산된 제품은 고급 이미지 보다는 저렴한 가격을 강점으로 내세우는 경우가 많은데 DJI 는 그렇지 않습니다. 오히려 압도적인 기술 경쟁력으로 미국 및 유럽의 다른 드론 회사들을 따돌리고 있으며 디자인 또한 매우 뛰어납니다. 이런 이유로 DJI 는 '드론계의 애플'이라는 별칭으로 불립니다.

[DJI의 최상위 촬영용 드론 라인업 인스파이어]

DJI의 주력 제품은 촬영용 드론입니다. 100만원 이상의 고가(비싼 제품은 천만원을 넘습니다) 드론으로 이미 영화 및 방송계를 평정했습니다. 요새 TV 예능에서도 자주 보이는 드론이 대부분 DJI 제품입니다. 또한 촬영용 드론 시장을 석권한 후에는 드론의 대중화를 노리고 있는 것으로 보입니다. DJI는 50만원~100만원 사이의 보급형 라인을 강화하고 있고 최근에는 10만원 대의 토이드론도 선보였습니다. 우리가 살펴보려는 토이드론인 텔로(TELLO)가 바로 이 제품입니다.

{02} 장난감 수준을 뛰어넘은 드론 텔로(TELLO)

[DJI 에서 가장 저렴한 드론인 텔로(TELLO)]

텔로는 사실 정확하게는 DJI 에서 직접 만든 것이 아니라 DJI의 기술 지원을 받은 Ryze Tech 이라는 스타트업에서 만든 드론입니다. DJI 외에도 인텔의 기술 지원도 받아서 인텔 칩셋 및 비전 프로세싱 유닛을 탑재해 다른 토이드론과는 그야말로 차원을 달리하는 성능을 보여줍니다.

또한 텔로는 교육용 수요를 염두에 두고 코딩을 지원하는 것을 처음부터 판매 포인트로 잡았습니다. 전세계적으로 많이 쓰이는 교육용 코딩 프로그램인 스크래치를 통해 텔로 또한 코딩을 할 수 있습니다.

아래는 제가 텔로에 대해 리뷰한 유튜브 영상입니다. 관심있는 분들은 한번씩 보시면 좋을 것 같습니다.

텔로 드론 리뷰 영상
https://youtu.be/oiVNCUqJDIA

자, 그럼 서론은 여기까지 하고 이제 텔로(TELLO)와 함께 진짜 본격적인 드론 코딩의 세계로 빠져들어 봅시다!

{03} 텔로의 코딩

텔로를 코딩으로 조작할 수 있는 방법은 대략 아래의 3가지가 있습니다.

1) 스크래치(Scratch)
2) 드론블럭스(DroneBlocks)
3) 텔로 에듀(Tello EDU)

스크래치(Scratch)는 대부분 아는 것처럼 컴퓨터 기반의 블록 코딩 프로그램입니다. 윈도우와 맥 두가지 버전을 다 지원합니다. 드론블럭스(DroneBlocks)는 핸드폰용 어플입니다. 원래 아이폰만 지원했지만 최근 안드로이드용 어플도 출시가 됐습니다. 텔로 에듀(Tello EDU) 또한 스마트폰 및 스마트패드용 어플입니다.

이 책에서는 가장 범용성이 높은 스크래치와 드론블럭스를 기준으로 코딩 방법에 대해 설명하였 습니다.

3.1 스크래치(Scratch)를 활용한 텔로 프로그래밍

스크래치 및 드론블럭스를 사용하는 방법은 제가 유튜브에 올려놓은 영상도 있으니 책을 보다가 막히면 아래의 영상을 참고해도 좋을 것 같습니다.

영상 썸네일 텔로 코딩 완벽 정복
https://youtu.be/iHPze7DwjbM

[DJI 에서 가장 저렴한 드론인 텔로(TELLO)]

스크래치는 아이들에게 코딩 경험을 쌓게 하기 위해 개발된 교육용 프로그래밍 언어입니다. 기존의 C나 파이썬, Java 같이 텍스트 기반의 어려운 언어가 아니라 그래픽 기반으로 블록을 드래그 & 드롭으로 끌어다 붙이면 아주 손쉽게 프로그래밍을 할 수 있도록 설계되었습니다. 프로그래밍을 처음 접하는 입문자에게 알맞은 프로그램입니다. 또한 기본적으로 무료이기 때문에 설치할 때 부담이 없습니다. 그럼 컴퓨터에 스크래치를 한번 설치해 봅시다.

스크래치는 기본적으로 맥과 윈도우를 모두 지원하지만 여기에서는 윈도우를 기준으로 설명하도록 하겠습니다.

텔로를 개발한 라이즈텍 홈페이지의 다운로드 탭에 가면(https://www.ryzerobotics.com/kr/tello/downloads) 좌측에 Scratch README라는 문서가 있습니다. 이 문서를 보면 텔로를 스크래치로 코딩하기 위해 필요한 스크래치 및 애드온 프로그램들의 설치법이 잘 나와있으니 그대로 따라하면 됩니다. 다만 문서가 영어로 되어 있어서 어려움을 겪을 수 있기 때문에 밑에 설치방법을 설명해 놓으니 참고하시기 바랍니다.

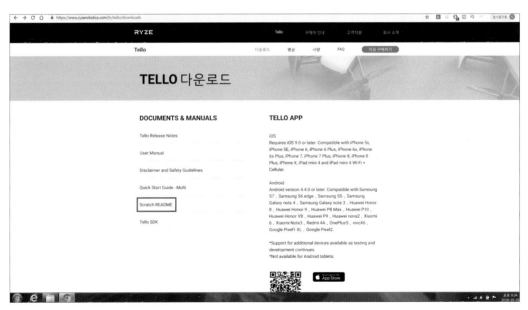

먼저 스크래치를 설치해 봅시다. 다음의 링크로 가면 https://scratch.mit.edu/download '**스크래치 2.0 오프라인 에디터**'를 다운로드 및 설치할 수 있습니다. '**설치**' 버튼을 눌러줍시다.

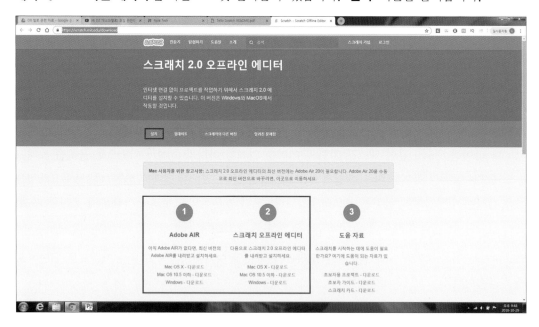

스크래치는 '**Adobe AIR**'라는 프로그램과 함께 작동하기 때문에 '**Adobe AIR**'와 '**스크래치 오프라인 에디터**'를 모두 다운로드하고 다운로드된 설치 파일을 실행하여 설치해 줍니다. 자신의 컴퓨터가 Mac 인지 윈도우인지에 따라서 운영체제에 맞는 설치 파일을 다운로드하면 됩니다.

그 다음에는 '노드js'를 깔아줍니다. 다음 링크로 가면 다운로드 받을 수 있습니다(https://nodejs.org/en/). 가장 최신 버전은 조금 불안정할 수 있으니 저는 8.12.0 버전을 설치하는 것을 권장합니다.

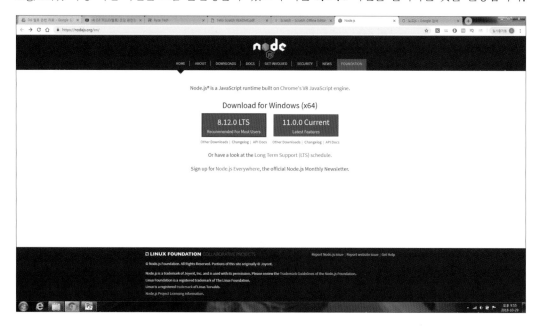

그 다음 스크래치에서 텔로를 제어할 수 있게 해주는 확장 프로그램을 설치해야 합니다. 다음의 링크로 가면 자동으로 압축 파일이 다운로드 됩니다. https://bit.ly/2Psoxzw

다운받은 파일의 압축을 풀어주면 **'Tello.js'**라는 파일이 보일 것입니다. 이 파일에서 오른쪽 클릭을 하고 연결 프로그램에서 **'Node.js'**를 선택해 줍니다. 이것은 Tello.js라는 파일을 Node.js라는 프로그램을 통해 실행하라는 의미입니다.

만약 연결 프로그램에서 Node.js 프로그램이 보이지 않으면 그 아래의 **'기본 프로그램 선택'**을 클릭하여 수동으로 Node.js 프로그램을 설치한 폴더를 찾아서 프로그램 아이콘을 선택해 줍니다.

자, 생각보다 쉽지 않지만 여기까지 했다면 이제 설치가 거의 다 됐습니다. 처음에 설치했던 '**스크래치(Scratch) 2**'를 실행해 줍니다. 아래의 화면이 뜰 것입니다.

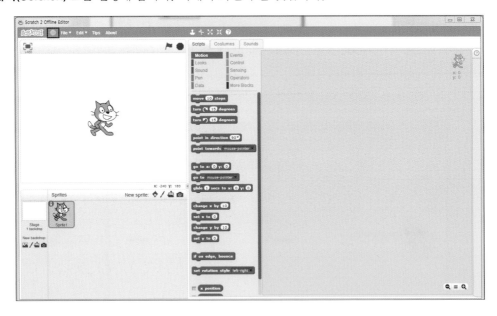

메뉴가 영어라서 적응이 잘 안 되나요? 한글로 바꿔줍시다. 좌상단의 스크래치 로고 오른쪽에 지구본같이 생긴 버튼을 클릭하면 다양한 언어가 나오고 여기에서 '**한국어**'를 선택해 주면 됩니다. 역시 한국어가 훨씬 편하죠?

자 이제 정말 마지막 단계입니다. 키보드의 '**Shift**' 키를 누른 상태에서 '**파일**' 메뉴를 클릭해줍니다. 그리고 가장 밑의 '**HTTP 확장 기능 불러오기**'를 선택합니다. 꼭 'Shift' 키를 누른 상태에서 클릭해야 해당 메뉴가 보입니다.

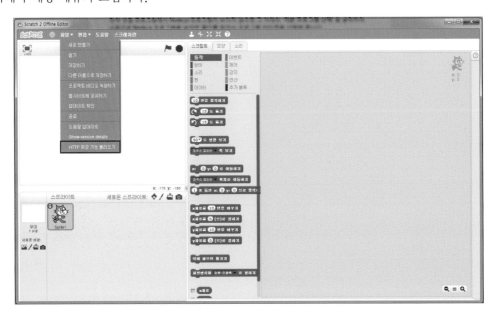

그리고 뜨는 탐색기 창에서 아까 압축을 풀었던 '**Tello.js**' 파일이 있는 폴더로 갑니다. 그 폴더에서 '**Tello.s2e**' 파일을 선택하고 확인을 클릭합니다(Tello.js 파일이 아니라 Tello.s2e 파일임을 주의합니다!)

그러면 스크래치에서 텔로를 제어할 수 있는 명령어들이 세팅이 된 것입니다. **[추가 블록]**을 클릭해 보면 텔로를 이륙(take off), 착륙(land) 등을 시킬 수 있는 명령어들이 보일 것입니다.

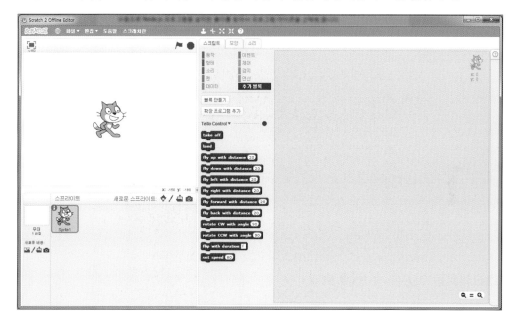

혹시 너무 복잡해서 잘 이해가 가지 않는 분들은 앞부분에 제가 말씀드린 유튜브 영상을 참고해서 천천히 따라하면 아마 쉽게 설치가 가능할 것입니다.

다들 정말 수고 많았습니다! 이제 스크래치 설치가 끝났습니다. 다음은 컴퓨터와 텔로를 연결해 봅시다!

1) 텔로와 컴퓨터 연결

텔로의 전원을 켜고, 컴퓨터의 오른쪽 하단의 인터넷 연결을 클릭하여 텔로로 표시되는 Wifi 신호를 찾아서 연결해 줍니다. 보통 TELLO로 시작하며 뒤에 알파벳 및 숫자 조합이 따라오는 형식입니다. 비밀번호는 따로 입력하지 않아도 됩니다. 연결이 완료되면 정말 모든 준비가 끝났습니다. 이제 코딩을 시작해 봅시다!

2) 스크래치를 이용한 첫 번째 코딩

드디어 첫 번째 코딩입니다. 먼저 간단하게 드론을 이륙시키고 4초 동안 공중에 머무른 후에 자동으로 착륙하는 프로그램을 작성해 보겠습니다.

스페이스키를 눌렀을 때 작성한 프로그램이 시작되도록 하겠습니다. **[이벤트]** 탭에 다양한 이벤트의 경우에 대한 블록이 준비되어 있습니다.

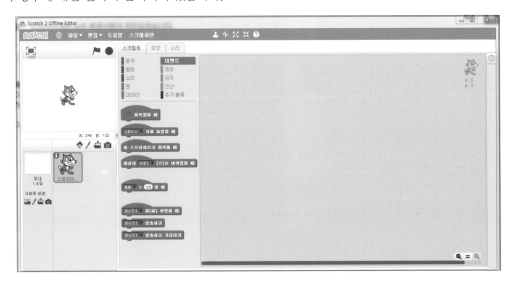

[스페이스 키를 눌렀을 때]라고 적혀있는 블록을 선택하여 오른쪽의 빈 칸으로 드래그 앤 드롭 해
줍니다.

'스페이스' 말칸 옆의 작은 삼각형을 클릭하면 다른 키로 바꿀 수도 있습니다.

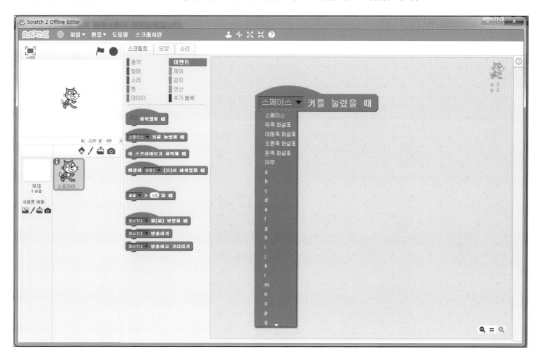

그 다음 **[추가 블록]** 탭을 클릭하여 **[take off]** 블록을 선택해서 위에서 배치한 **[스페이스 키를 눌렀을 때]** 블록 아래에 위치시켜 줍니다. take off 는 '이륙'이라는 의미를 가지고 있습니다.

그 후 **[제어]** 탭을 클릭하여 **[1초 기다리기]** 블록을 마찬가지로 이전 블록 아래에 배치합니다. 우리의 목표는 4초 동안 머무르게 하는 것이기 때문에 숫자 부분을 더블클릭하여 4로 바꿔줍니다.

마지막으로 **[추가 블록]** 탭에서 **[land]** 블록을 이전 블록 아래에 위치시킵니다. land '착륙'이라는 의미를 가지고 있습니다.

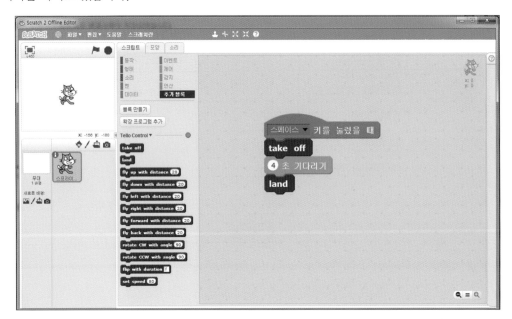

자, 프로그램이 완성됐습니다. 완성된 코드블록이 의미하는 것은 "스페이스 키를 누르면 드론을 이륙시키고 4초간 기다린 후에 착륙시켜줘"라는 뜻입니다. 이제 드론이 날아오를 준비가 되었습니다. 한번 키보드의 스페이스키를 눌러서 드론을 이륙시켜 봅시다!

우리의 계획대로 움직였나요? 아마 4초간 머무르는 게 아니라 조금 짧게 비행하다가 착륙했을 것입니다. 이 부분은 뒤에서 더 자세히 다뤄보도록 하고 일단은 원하는 시간만큼 비행하게 하려면 7혹은 8 같은 조금 더 큰 숫자를 넣어줍시다.

3) 스크래치를 이용한 두 번째 코딩

두 번째 코딩으로 아래 그림과 같이 수직으로 서 있는 사각형을 그려보도록 하겠습니다.

드론이 나를 보고 있는 상태이므로 좌우가 바뀐 상태라는 점을 주의합니다.

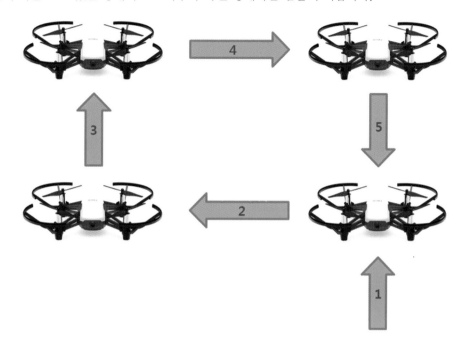

이전 프로그램과 마찬가지로 먼저 스페이스바를 눌렀을 때 시작하게 합니다.

[스페이스 키를 눌렀을 때]라고 적혀있는 블록을 선택하여 오른쪽의 빈 칸으로 드래그 앤 드롭 해줍니다.

그 밑에 **[take off]** 블록을 붙여줍니다.

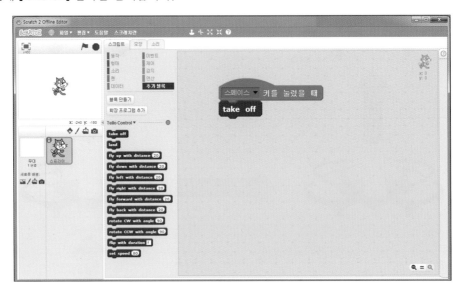

이륙후에 3초간 멈추어줍니다. **[제어]** 탭에서 **[1초 기다리기]** 블록을 선택해서 위치시킨 후 숫자 부분을 3으로 바꾸어줍니다.

앞의 첫 번째 코딩에서 4초를 다 기다리지 않고 착륙했을 것입니다. 이것은 스크래치에서 한 블록의 동작이 완전히 끝나지 않은 상태에서 다음 블록의 명령어가 시행되기 때문으로, 각각의 명령어 블록 사이에 이처럼 적절하게 멈춰서 기다리는 시간을 넣어줘야 생각하는대로 구동하게 됩니다.

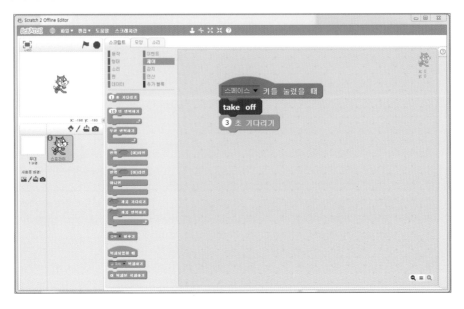

그 다음 이제 오른쪽으로 이동하면서 사각형의 아랫변을 그려봅시다. **[추가블록]** 탭에서 **[fly right with distance 20]**을 선택해서 위치시켜 줍니다. 이것은 오른쪽으로 거리 20만큼 움직이라는 명령어입니다. 숫자를 100으로 바꿔줍니다. 그리고 마찬가지로 **[3초 기다리기]** 블록을 아래에 하나 더 붙여줍니다.

같은 블록을 여러개 붙일 때에는 복사할 블록에서 오른쪽 클릭하면 '복사' 메뉴가 나옵니다.

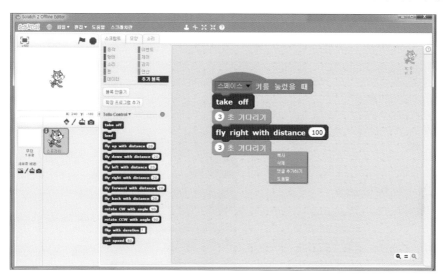

그 다음 마찬가지로 **[fly up with distance 100]**, **[fly left with distance 100]**, **[fly down with distance 100]** 블록을 차례대로 위치시켜 줍니다. 각각 '위로 100만큼 이동', '왼쪽으로 100만큼 이동', '아래로 100만큼 이동'이라는 의미를 지닌 명령어입니다.

중간중간 **[3초간 기다리기]** 블록을 넣어주는 것을 잊지 않도록 합니다.

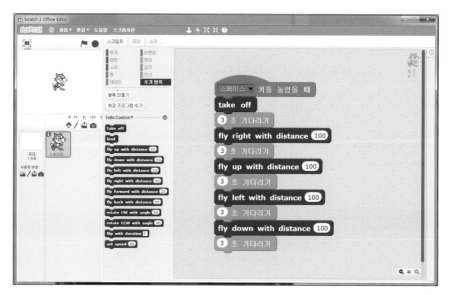

[land] 명령어는 사실 꼭 넣지 않아도 됩니다. 모든 블록을 다 실행하고 나면 일정시간이 지난 후에 텔로는 자동으로 착륙합니다. 다만 기다리는 시간이 싫다면 마지막에 [land]를 붙여서 착륙하게 합시다.

자, 모든 준비가 끝났다면 스페이스바를 눌러서 사각형이 예쁘게 그려지는지 확인해 봅시다! 잘 작동하나요? 아마 원했던대로 작동하지 않을 수도 있습니다. 저도 해보니 제대로 사각형을 그리지 못하고 바로 다시 착륙합니다. 아마 중간에 넣어준 **[기다리기]** 블록의 시간이 너무 짧았던 것 같습니다. 시간을 모두 5초로 바꿔줍니다.

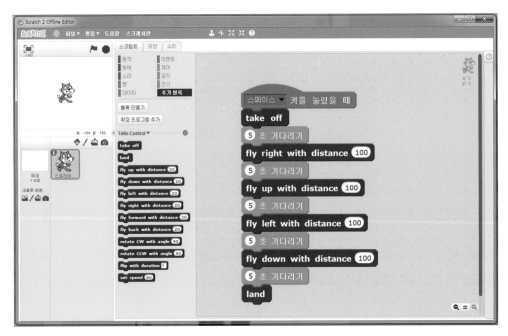

이제 잘 작동하네요! 여러분들은 어떤가요?

여러분들이 딱 원하는 모양의 사각형을 그리기 위해서 각 블록 안의 숫자들을 바꿔줄 수 있습니다. 바람이나 바닥의 모양 상태에 따라서 드론이 위치 인식을 잘 하지 못해 완벽한 사각형 모양이 나오지 않을수도 있습니다. 숫자들을 바꾸어 보면서 여러분만의 사각형을 만들어 봅시다.

4) 스크래치를 이용한 세 번째 코딩

이번에는 사각형을 5번 반복해서 만든 후 착륙하는 프로그램을 만들어 보겠습니다. 이걸 코딩에서는 반복문(loop)이라고 표현합니다.

두 번째 코딩에서 만들었던 사각형을 복사해서 5번 붙여넣기해도 같은 결과를 얻을 수 있지만 아무래도 많이 귀찮겠죠? 혹은 5번이 아니라 100번을 반복해야 한다고 하면 손으로 일일히 블록을 작성하기가 매우 번거로울 겁니다. 이럴 때 사용하는 게 반복문입니다.

[제어] 탭에 보면 **[10번 반복하기]**라고 표시되어 있는 블록이 보입니다. 이것을 선택해서 위치시켜 줍니다.

블록의 위치는 이륙 후 5초 기다리기 후에 붙여줍니다. **[10번 반복하기]**에서 숫자를 5로 바꿔줍니다.

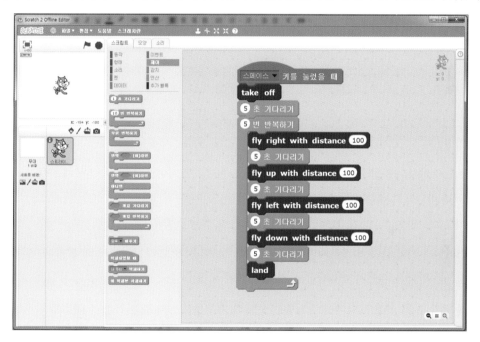

5번 반복후에 착륙할 것이기 때문에 마지막에 있는 **[land]** 블록은 반복하기 밖으로 다시 위치시켜 줍니다.

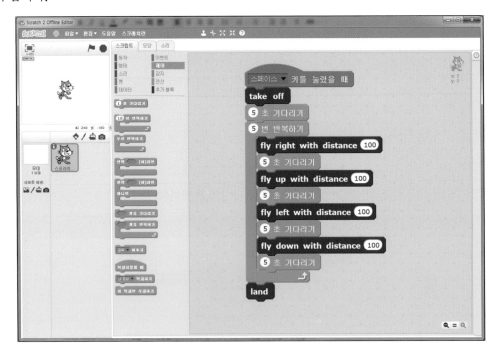

이제 코드가 완성되었습니다. 해당 코드가 의미하는 바는 "스페이스 키를 눌렀을 때 드론을 이륙시켜줘. 그리고 앞으로 하는 행동을 5번 반복할 거야 – 오른쪽으로 100, 위로 100, 왼쪽으로 100, 아래로 100 만큼 이동 – 5번을 반복한 다음에는 드론을 착륙시켜줘" 입니다.

한번 스페이스 키를 눌러서 작동시켜 봅시다. 제대로 5번을 잘 그리는지 확인해 봅시다. 숫자를 바꿔서 원하는 만큼 사각형의 개수를 늘리거나 줄일 수도 있습니다.

세 번째 코딩은 두 번째 코딩에서 작성했던 코드의 대부분을 그대로 사용했기 때문에 길지는 않지만 프로그래밍에서 정말 많이 사용하는 반복문(loop)이 소개 되었습니다. 앞으로 많이 사용할 개념이니 잘 이해하면 코딩공부에 많은 도움이 될 것입니다.

5) 스크래치를 이용한 네 번째 코딩

네 번째 코딩에서도 사각형을 5번을 그려봅니다. 하지만 이번에는 아래 그림처럼 사각형의 크기가 점점 커지게 해보겠습니다. 이 때 활용하는 것이 변수(variable) 입니다.

변수를 선언해서 처음에는 40만큼 이동하던 것을 횟수를 반복할 때마다 20씩 증가하게 해보겠습니다.

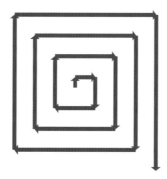

먼저 **[데이터]** 탭에서 변수를 만들어 줍니다. "변수 만들기" 버튼을 클릭하고 사용할 변수 이름을 적어줍니다. 저는 '사각형 크기'라고 적어주었습니다.

이것은 "사각형 크기"라는 이름을 가진 변수를 선언하고 앞으로 이 변수의 값을 우리 임의대로 바꿀 수 있게 하는 작업입니다.

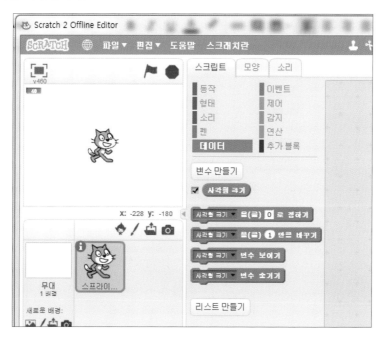

다음으로 변수를 위의 세 번째 코딩에 넣어봅시다.

[사각형 크기 을(를) 0으로 정하기]라고 적힌 블록을 드래그해서 위치시켜 줍니다.

이것은 '사각형 크기'라는 변수를 선언해주고 그 초기값을 0으로 한다는 의미입니다. 우리는 처음 사각형의 크기를 40으로 할 것이기 때문에 0을 더블클릭하여 40으로 바꾸어 줍니다. 블록의 위치는 **[5번 반복하기]** 블록 전에 위치시킵니다.

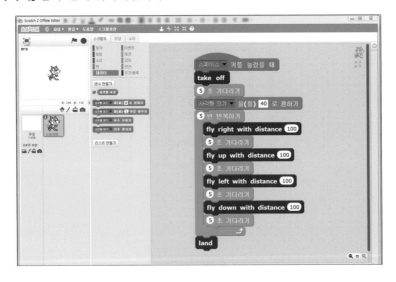

지금은 여전히 드론이 100만큼씩 움직이게 됩니다.

[fly right with distance 100] 블록에서 100부분에 변수를 넣어야 합니다. **[데이터]** 탭에서 **[사각형 크기]** 블록을 선택해서 100 부분으로 옮겨줍니다. 나머지 네 개의 블록에도 전부 적용합니다.

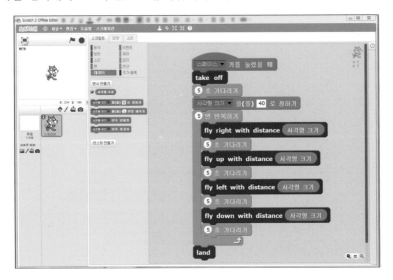

이제 드론이 "사각형 크기" 변수에 들어가 있는 값의 크기만큼 움직일 것입니다.

하지만 아직 사각형이 점점 커지지는 않습니다. **[데이터]** 탭에서 **[사각형 크기을(를) 1만큼 바꾸기]** 블록을 선택합니다. 해당 블록을 반복문 안에 가장 아래쪽에 위치시켜 줍니다.

우리는 한번 반복할 때마다 사각형의 크기를 20씩 늘릴 것이기 때문에 숫자 부분을 클릭해서 20 으로 바꾸어 줍니다.

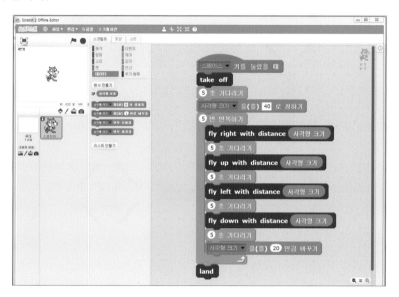

이제 모든 코드가 완성되었습니다. 이 코드가 의미하는 것은 아래와 같습니다.

1. 스페이스 키를 눌렀을 때 드론을 이륙시킨다.
2. '사각형 크기'라는 변수를 선언해서 그 값을 40으로 정한다.
3. 드론을 '사각형 크기'의 값만큼 오른쪽, 위, 왼쪽, 아래로 차례로 움직이고 '사각형 크기'의 값을 20만큼 증가한다.
4. 3을 5번 반복한다.
5. 드론을 착륙한다.

자 이제 스페이스 키를 눌러서 드론이 점점 큰 사각형을 만드는 것을 감상해 봅시다.

6) 스크래치를 이용한 다섯 번째 코딩

다음에는 수직으로 그려지는 사각형이 아니라 수평으로 그려지는 사각형을 만들어 보겠습니다. 또한 드론의 머리 부분이 항상 이동방향을 향하게 모서리마다 회전을 하면서 사각형을 그려봅시다.

아래의 그림을 보면 이해가 쉬울 것입니다.

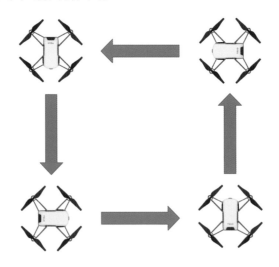

이전 프로그램과 마찬가지로 먼저 스페이스바를 눌렀을 때 시작하게 합니다.

[스페이스 키를 눌렀을 때]라고 적혀있는 블록을 선택하여 오른쪽의 빈 칸으로 드래그 앤 드롭 해줍니다.

그 밑에 **[take off]** 블록을 붙여줍니다.

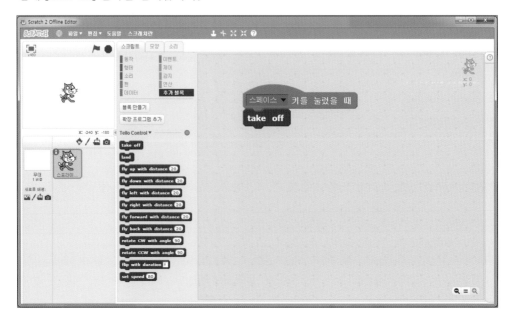

이륙후에 3초간 멈추어줍니다. **[제어]** 탭에서 **[1초 기다리기]** 블록을 선택해서 위치시킨 후 숫자 부분을 3으로 바꾸어줍니다.

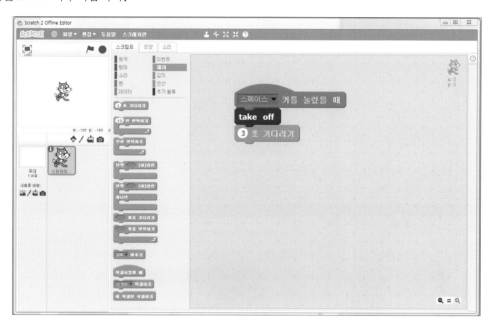

그 다음 바로 앞으로 이동하도록 합시다.

[추가블록] 탭에서 **[fly forward with distance 20]**을 선택해서 위치시켜 줍니다.

숫자를 100으로 바꿔줍니다.

그리고 마찬가지로 **[3초 기다리기]** 블록을 아래에 하나 더 붙여줍니다.

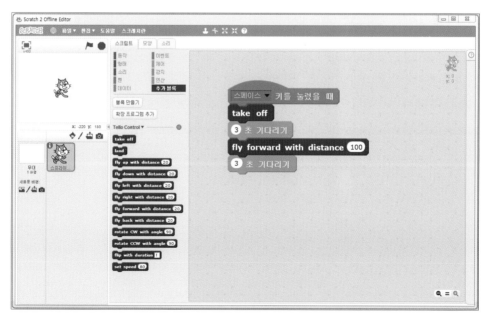

그 다음 마찬가지로 [**추가블록**] 탭에서 [**rotate CCW with angle 90**] 블록을 선택해서 위치시켜 줍니다.

CCW는 Counter Clock Wise 의 약자로 '반시계방향'이라는 의미입니다. CW는 Clock Wise의 약 자입니다. '시계방향'이라는 의미이겠죠?

드론의 회전은 머리 부분을 기준으로 하기 때문에 좌회전은 반시계방향, 우회전은 시계방향입니다. 우리는 좌회전을 할 것이기 때문에 반시계방향으로 회전합니다.

또한 숫자의 의미는 각도 입니다. 여기에서는 90도를 회전하게 되는 것입니다.

중간중간 [**3초간 기다리기**] 블록을 넣어주는 것을 잊지 않도록 합니다.

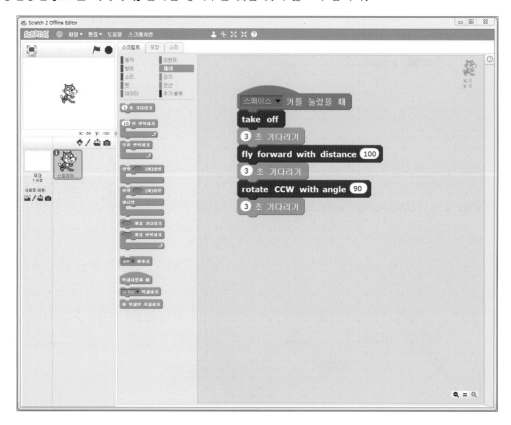

앞의 과정을 4번 반복하면 사각형이 그려질 것입니다. 다만 우리는 앞에서 반복문(loop)을 배웠으니 이것을 활용해 봅시다.

[제어] 탭에서 **[10번 반복하기]** 블록을 선택해서 아래의 그림과 같이 배치해 줍니다. 숫자 10을 더블클릭해서 4로 바꾸어 줍니다.

마지막으로 **[land]** 블록을 배치해 줍니다.

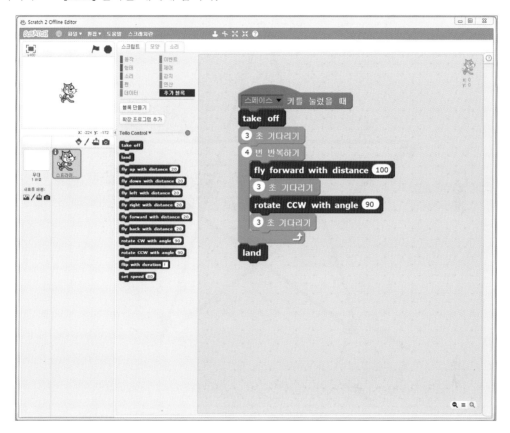

자, 코드가 완성되었습니다! 이제 잘 작동하는지 스페이스바를 눌러서 확인해 봅시다.

7) 스크래치를 이용한 여섯 번째 코딩

여기까지 잘 따라왔나요? 이제 기본적인 드론의 움직임을 대략 다룰 수 있게 되었습니다.

다음에는 드론으로 조금 특이한 모양을 그려봅시다. 바로 별모양 그리기입니다! 아래의 그림을 보면 잘 이해가 갈 것입니다. 드론이 이륙한 후 처음 시작점에서 번호 순서대로 비행하면서 별모양을 그릴 것입니다.

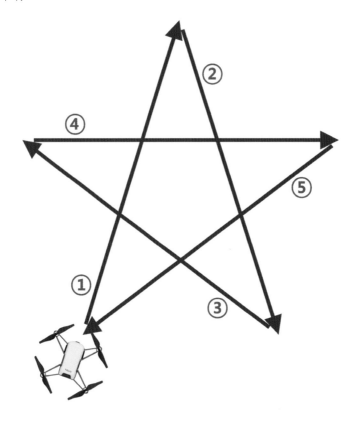

자 여기부터는 조금 까다롭습니다. 별의 뿔의 각도는 얼마일까요? 바로 36°입니다.

정오각형의 각 모서리의 각도가 108°인 것에서 간단한 작도를 통해서 구할 수 있습니다. 그렇다면 드론이 36°씩 방향을 틀면 될까요? 아닙니다.

드론은 한 변을 그린 다음에 144°를 회전해야 합니다. 아래의 그림을 보면 이해가 쉬울 것입니다.

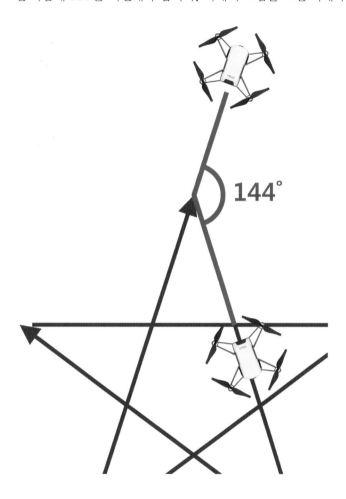

자 그럼 이제 본격적으로 코드를 만들어 봅시다. 이전 프로그램과 마찬가지로 먼저 스페이스바를 눌렀을 때 시작하게 합니다.

[스페이스 키를 눌렀을 때]라고 적혀있는 블록을 선택하여 오른쪽의 빈 칸으로 드래그 앤 드롭 해 줍니다.

그 밑에 [take off] 블록을 붙여줍니다.

[제어] 탭을 클릭하여 [1초 기다리기] 블록을 이전 블록 아래에 배치합니다. 숫자 부분을 더블클릭 하여 5로 바꿔줍니다.

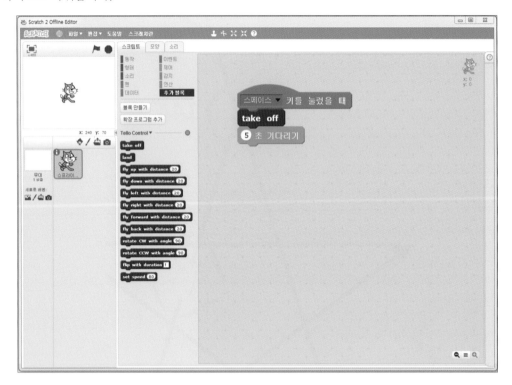

다시 [제어] 탭에서 [10번 반복하기] 블록을 이전 블록 아래에 위치시켜 줍니다.

별을 그리기 위해서는 직선을 5개 만들면 되므로 [10번 반복하기]에서 숫자를 5로 바꿔줍니다.

앞으로 일정거리를 간 후에 144°를 회전하는 것을 5번 반복하면 됩니다.

[추가블록] 탭에서 [fly forward with distance 20] 블록을 선택하여 [5번 반복하기] 블록 안에 위 치시켜 줍니다. 적당한 거리를 이동하기 위해서 숫자 20을 더블클릭하여 100으로 바꿔줍니다.

[5초 기다리기] 블록을 배치시키고 [추가블록] 탭에서 [rotate CW with angle 90] 블록을 선택해 서 하단에 붙여줍니다. 숫자 90을 더블클릭하여 144로 바꿔줍니다.

[5초 기다리기] 블록을 한번 더 붙여줍니다.

마지막으로 **[추가 블록]** 탭에서 **[land]** 블록을 가장 아래에 위치시킵니다.

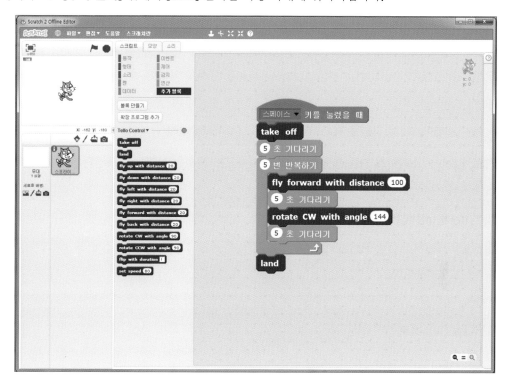

자 코드가 완성되었습니다! 이 코드가 의미하는 것은 아래와 같습니다.

> 1. 스페이스 키를 눌렀을 때 드론을 이륙한다.
> 2. 앞쪽으로 100만큼 드론을 이동한다.
> 3. 시계방향으로 드론을 144° 회전한다.
> 4. 2와 3을 순서대로 5번 반복한다.
> 5. 드론을 착륙한다.

8) 스크래치를 이용한 일곱 번째 코딩

자 이제 스크래치를 이용한 코딩의 마지막 단원입니다. 여기에서는 특히나 드론 초보자들이 좋아하는 공중제비 돌기(flip)를 해보도록 하겠습니다.

드론으로 공중제비 돌기는 무척이나 화려한 기술이고 처음 볼 경우 "우와!" 하는 반응이 보통이지만 코딩으로 구현하기 무척 쉬운 기술입니다. 여러분도 이것을 익히면 친구들에게 쉽게 자랑할 수 있습니다!

먼저 역시 스페이스바를 눌렀을 때 드론의 작동이 시작하도록 하겠습니다.

[이벤트] 탭에서 **[스페이스 키를 눌렀을 때]**라고 적혀있는 블록을 선택하여 오른쪽의 빈 칸으로 드래그 앤 드롭 해줍니다.

그 밑에 **[take off]** 블록을 붙여줍니다.

[제어] 탭을 클릭하여 **[1초 기다리기]** 블록을 이전 블록 아래에 배치합니다. 숫자 부분을 더블클릭하여 3으로 바꿔줍니다.

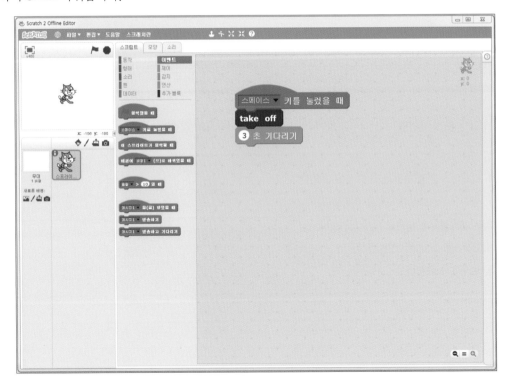

[추가블록] 탭에서 [flip with duration f] 블록을 선택해서 앞의 블록 하단부에 배치합니다.

이 블록이 플립을 시켜주는 블록입니다. 플립의 방향은 4방향이 가능한데 f는 forward를 의미하며 앞으로 공중제비를 돌게 합니다.

글자를 바꾸어가며 4방향으로 모두 플립을 해봅시다. 뒤로 플립은 b(backward), 오른쪽은 r(right), 왼쪽은 l(left) 입니다.

명령어가 제대로 실행될 수 있도록 중간중간 [2초 기다리기] 블록을 넣어줍니다.

마지막으로 착륙(land) 블록을 붙여주면 코드가 완성됩니다.

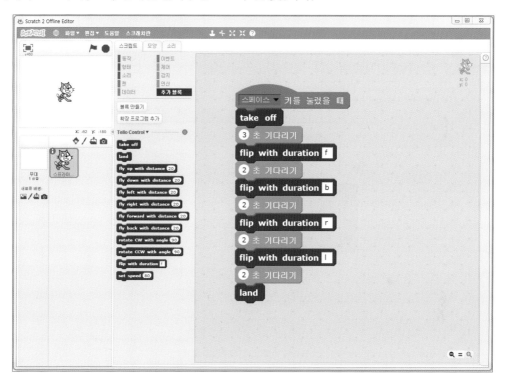

자 이제 여러분들도 친구들에게 화려한 비행기술을 자랑할 준비가 되었습니다! 한번 날려봅시다!

3.2 드론블럭스(DroneBlocks)를 활용한 텔로 프로그래밍

지금까지 여러분은 스크래치를 활용한 블록 코딩을 알아봤습니다. 지금부터는 '드론블럭스'라는 어플을 활용해서 텔로를 프로그래밍 해보도록 하겠습니다.

드론블럭스는 처음에 iOS용으로 나온 앱이었지만 최근에 안드로이드용 으로도 출시가 되어 안드로이드 스마트폰에서도 사용이 가능합니다.

이 어플은 스크래치와 마찬가지로 블록을 끌어다가 붙이는 형태의 코딩이라 스크래치가 익숙해졌다면 드론블럭스를 이용해서도 손쉽게 코딩을 할 수 있습니다. 스크래치보다 좋은 점은 어플이기 때문에 컴퓨터가 없이도 스마트폰이나 태블릿으로 매우 간단하게 텔로를 코딩해 볼 수 있다는 것입니다.

자 그럼 어플 설치부터 시작해 봅시다. 지금부터는 아이패드를 기준으로 설명하도록 하겠습니다.

먼저 앱스토어에서 드론블럭스를 다운로드 받습니다.

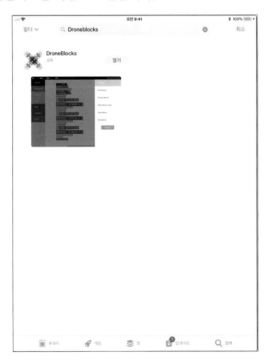

드론블럭스(DroneBlocks) 앱을 실행하면 오른쪽 상단에 있는 모양의 아이콘을 클릭한 후 'Tello Blocks'를 선택합니다.

오른쪽 위의 'No Aircraft Connected' 부분이 'Connect to Tello'로 바뀐 것을 확인 할 수 있습니다. 'Connect to Tello' 부분을 터치하면 아래와 같은 화면이 나옵니다. 아직 'Connect' 버튼은 누르지 않습니다.

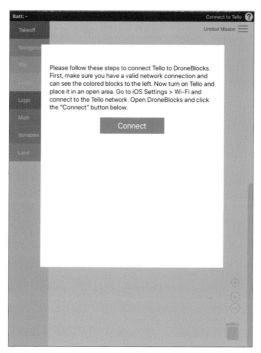

텔로의 전원을 켜게 되면 앞의 스크래치와 같이 와이파이로 텔로와 아이패드를 연결할 수 있습니다. 아이패드의 '설정 〉 Wi-Fi'에서 Tello-XXXXXX와 같이 쓰여있는 네트워크를 선택합니다.

설정 앱을 닫고 드론블럭스 앱으로 돌아갑니다. 이제 '**Connect**' 버튼을 눌러 드론블럭스 앱과 텔로를 연결합니다. 왼쪽 상단에 드론의 남은 배터리의 양이 표시된다면 연결 성공입니다.

드론블럭스에 로그인을 하면 본인이 작성한 코드를 저장하거나 불러올 수 있습니다. 여러가지 코딩을 할 때 매우 유용한 기능이니 로그인을 하는 것을 권장합니다. 구글 계정을 가지고 있으면 간단하게 로그인할 수 있습니다.

1) 드론블럭스를 이용한 첫 번째 코딩

먼저 드론을 이륙시킨 후 4초간 제자리에 머무르고 착륙하는 간단한 프로그램을 작성해보도록 하겠습니다.

[Takeoff] 탭 아래에 있는 [takeoff] 블록을 선택합니다.

제자리에 떠있는 명령어는 hover입니다. [Navigation] 탭을 선택하면 아래에서 3번째 블록인 [hover 5 seconds]를 선택합니다.

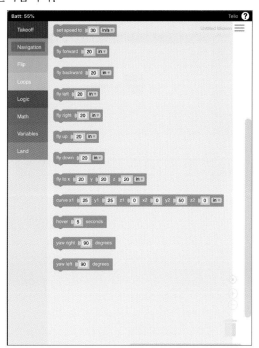

[hover 5 seconds] 블록을 끌어서 [takeoff] 블록 아래로 붙여놓습니다. 그 후 블록 안에 있는 숫자 5 부분을 터치해서 4로 바꾸어 주고 'OK' 버튼을 눌러줍니다.

마지막으로 착륙 코드만 넣으면 첫 번째 코딩이 완성됩니다. 착륙을 위한 코드는 [Land] 탭 아래에 있는 [land] 블록입니다. [land] 블록을 선택해서 [hover 4 seconds] 아래에 붙여놓습니다.

이제 코드를 실행하는 일만 남았습니다. 오른쪽 상단에 있는 모양의 아이콘을 클릭한 후 '**Launch Mission**' 버튼을 선택합니다. 텔로가 멋지게 날아올랐나요? 만약 아무런 반응이 없다면 아래의 내용들을 확인해봅니다.

- 텔로의 전원이 켜 있는지
- 설정앱에서 텔로와 와이파이가 잘 연결되었는지
- 모두 잘 되어있다면 다시한번 '**Connect**' 버튼을 눌러서 재연결

2) 드론블럭스를 이용한 두 번째 코딩

두 번째 코딩에서는 텔로를 회전시키는 간단한 코딩을 배워보도록 하겠습니다.

드론블럭스에서 우회전을 하기 위해서는 [**yaw right x degrees**], 좌회전을 하기 위해서는 [**yaw left x degrees**] 블록을 사용합니다.

여기서 x degrees는 회전하는 각도를 의미합니다. 예를들어 오른쪽으로 90도 회전하고 싶다면 [**yaw right 90 degrees**], 왼쪽으로 한바퀴를 회전하고 싶다면 [**yaw left 360 degrees**]를 사용하면 됩니다.

---

1. 이륙해서 [takeoff]
2. 왼쪽으로 90도 회전 [yaw left 90 degrees]
3. 오른쪽으로 두바퀴 회전 [yaw right 720 degrees]
4. 착륙하는 [land]

다음 그림처럼 블록을 배치하고 프로그램을 작동시켜보도록 하겠습니다. [Launch Mission]을 눌러 프로그램을 실행시켜봅니다.

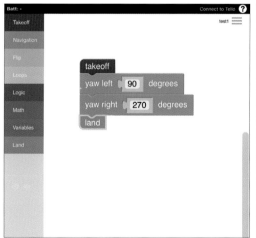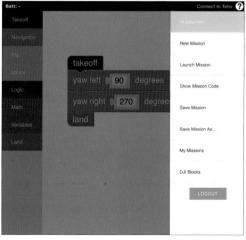

3) 드론블럭스를 이용한 세 번째 코딩

세 번째 코딩에서는 전,후,좌,우로 드론을 움직이는 코드를 배워보겠습니다. 드론블럭스에서는 특이하게 일정시간동안 움직이는 것이 아닌 거리를 지정해서 움직일 수 있습니다. 기본 단위는 인치(in)로 되어있지만 미터법이 익숙한 우리는 센티미터(cm)로 변경해서 사용하도록 하겠습니다.

---

1. **[fly forward x cm]** : 앞쪽으로 x cm 이동
2. **[fly left x cm]** : 왼쪽으로 x cm 이동
3. **[fly backward x cm]** : 뒷쪽으로 x cm 이동
4. **[fly right x cm]** : 오른쪽으로 x cm 이동

아래 그림처럼 드론이 비행하는 것을 의도하고 블록을 배치한 것입니다.

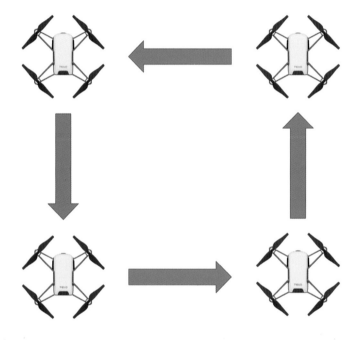

위의 코드 4개를 활용해서 크기가 30cm×30cm 인 정사각형을 그려보겠습니다. 각각의 움직임을 명확하게 하기 위해서 움직임과 움직임 사이에 1초간 기다리는 코드를 넣었습니다.

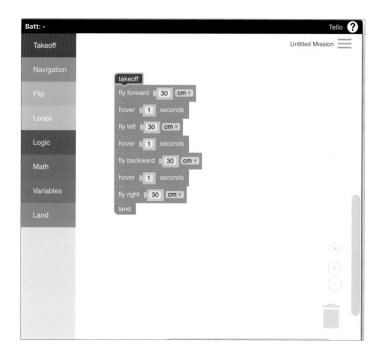

여러가지 요인으로 거리에 대한 약간의 오차는 있을 수 있습니다. 어디까지나 대략적인 거리이니 정확하지 않다고 해서 실망하지 말고 ×cm의 값을 바꿔가며 더 큰 사각형 혹은 더 작은 사각형을 그려보겠습니다.

4) 드론블럭스를 이용한 네 번째 코딩

세 번째 코딩에서는 전,후,좌,우로 이동을 하며 사각형을 그렸습니다. 이번에는 앞으로 이동하고나서 두 번째 코딩에서 배운 yaw를 활용해 텔로의 방향을 회전해서 바꾸고 또 앞으로 가고 하는 형태의 사각형을 그려보겠습니다.

즉 자동차처럼 드론의 앞머리가 항상 이동하는 쪽을 향하도록 하겠습니다.

아래의 그림을 보면 세 번째 코딩에서 그린 사각형과 어떤 점이 다른지 쉽게 알 수 있을 것입니다.

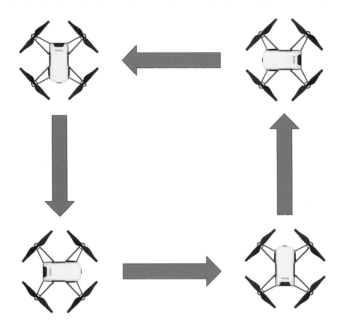

코드로 구현하면 아래와 같습니다.

1. [fly forward 30 cm] : 앞으로 30cm 이동	5. [fly forward 30 cm] : 앞으로 30cm 이동
2. [yaw left 90 degrees] : 왼쪽으로 90도 회전	6. [yaw left 90 degrees] : 왼쪽으로 90도 회전
3. [fly forward 30 cm] : 앞으로 30cm 이동	7. [fly forward 30 cm] : 앞으로 30cm 이동
4. [yaw left 90 degrees] : 왼쪽으로 90도 회전	8. [yaw left 90 degrees] : 왼쪽으로 90도 회전

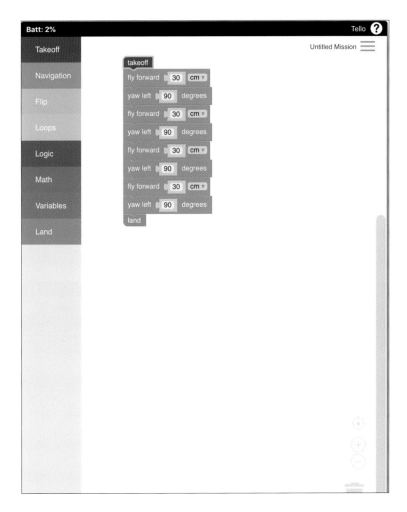

방향을 바꿔가면서 사각형을 그리는 텔로 코딩이었습니다. 하지만 뭔가 코드를 중복해서 작성하는 느낌이 들지 않았나요? **[fly forward 30 cm]**와 **[yaw left 90 degrees]**가 4번 반복이 되었습니다.

일반적으로 코딩을 할 때 이런 반복되는 코딩은 매우 비효율적으로 봅니다. 또한 반복문(loop)을 이용해 아주 쉽게 코드를 작성할 수 있습니다.

다섯 번째 코딩에서는 반복문(loop)을 사용하여 코드 중복을 없애보도록 하겠습니다.

5) 드론블럭스를 이용한 다섯 번째 코딩

반복문(loop)은 같은 코드를 여러번 실행할 때 사용됩니다.

[Loops] 탭의 [repeat 3 times … do] 블록을 선택한 후, [takeoff] 블록 아래에 붙여놓습니다.

[repeat 3 times … do]이 의미하는 것은 이 블록의 안쪽에 있는 코드들은 3번 반복해서 실행이 된다는 뜻입니다.

우리는 앞에서 사각형을 그릴 때 사용했던 [fly forward 30 cm]와 [yaw left 90 degrees]가 4번 반복되기를 원합니다.

아래 그림과 같이 [fly forward 30 cm]와 [yaw left 90 degrees]를 [repeat] 블록 안쪽에 위치시킨 후, 3 times를 4 times로 바꾸어 줍니다.

설명은 길었지만 코드는 매우 짧고 간결해졌습니다.

코딩을 할 때 코드를 중복되지 않고 최대한 심플하게 설계하는 것이 중요합니다. 코드가 짜임새없이 중복되어 설계되어 있으면 코드를 수정해야 할 때, 여러 곳에서 고쳐주어야 하기 때문에 생각지 못한 에러가 발생할 수도 있으니 최대한 중복을 피하며 코딩하는 것이 좋은 습관입니다.

6) 드론블럭스를 이용한 여섯 번째 코딩

이번에는 variable(변수)를 활용해서 아래와 같이 점점 커지는 사각형 스파이럴(나선, 회오리)을 만들어보도록 하겠습니다.

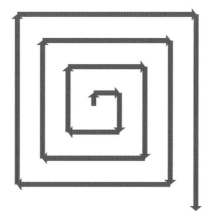

[Variables] 탭을 선택하면 [Create variable…]이란 버튼이 나옵니다. 클릭해서 거리를 뜻하는 distance라는 variable을 만듭니다.

variable은 변수라는 뜻입니다. 즉 값이 항상 일정하게 정해져 있는 상수와 달리, 상황에 따라 값이 계속 변할 수 있으며 우리가 설정할 수도 있습니다.

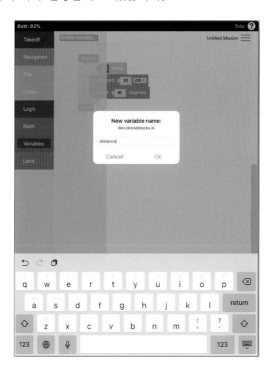

[set distance to] 블록을 [takeoff] 블록 아래에 위치시킵니다. 그 다음 [Math] 탭에서 [20] 블록을 [set distance to] 블록 옆으로 끌어다 놓습니다.

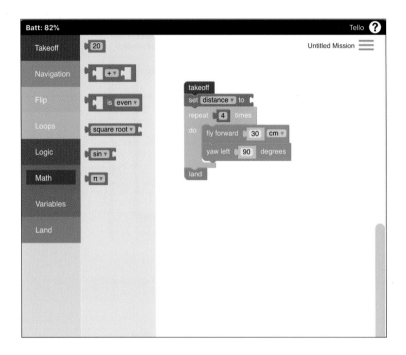

숫자 [20]을 [30]으로 바꾸어 줍니다.

지금부터 우리는 앞으로 30cm만큼 이동하는 것이 아니라 한번 이동할 때마다 30cm씩 더 긴 거리를 이동하도록 코드를 변경하도록 하겠습니다. 먼저 그림과 같이 **[fly forward 30 cm]**를 아래와 같이 **[fly forward [distance] cm]**로 변경해줍니다. **[distance]** 블록은 **[Variables]** 탭 아래에 있습니다.

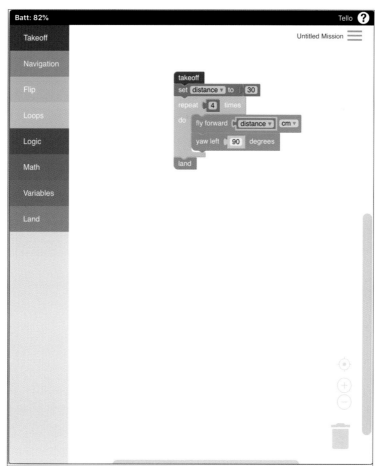

지금은 [distance] 변수가 계속 30으로 머물러 있습니다. [distance] 변수의 값은 30씩 증가하게 코드를 수정해야 합니다.

[fly forward [distance] cm]와 [yaw left 90 degrees]가 한번 실행될 때마다 [distance] 변수의 값이 30씩 증가하게 하기 위해서는 [repeat 4 times … do] 블록 안에 [change distance by 1] 을 넣어주고 1을 30으로 변경해줍니다. 이것은 'distance'라는 변수를 30씩 증가시켜준다는 의미입니다.

[change distance by 1]은 [Variables] 탭 안에 있습니다.

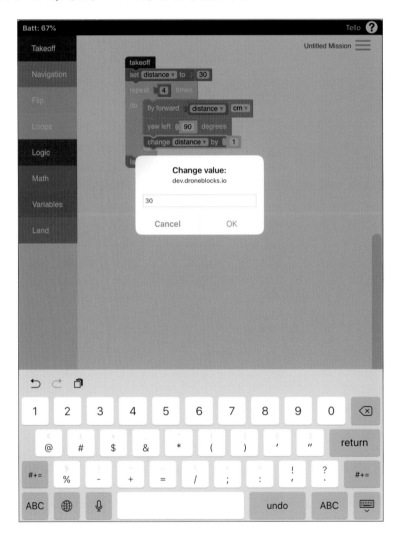

마지막으로 점점 더 커지는 여러개의 사각형을 보기 위해 **[repeat 4 times]**를 **[repeat 12 times]**로 변경해줍니다.

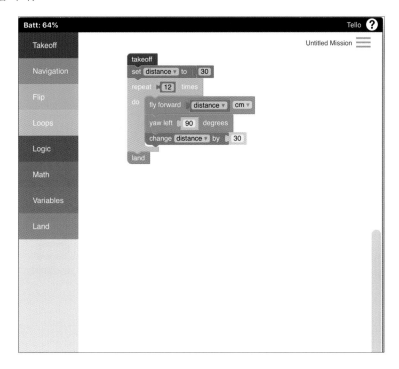

자 이제 코드가 완성되었습니다. 이 코드가 의미하는 것은 아래와 같습니다.

1. **[set distance to 30]** : 'distance'라는 이름의 변수를 만들고 초기값을 30으로 세팅
2. **[repeat 12 times do]** : 아래의 3 – 5 까지를 12번 반복
3. **[fly forward distance cm]** : 앞쪽으로 'distance'에 설정된 값만큼의 거리(cm) 이동
4. **[yaw left 90 degrees]** : 왼쪽으로 90도 회전
5. **[change distance by 30]** : 'distance'의 값을 30만큼 증가

코드에 있는 숫자들을 바꿔가며 더 많은 사각형을 그리거나 커지는 정도를 변경해봅니다. 좁은곳에서는 생각보다 이동거리가 커지지 않도록 주의하도록 합니다.

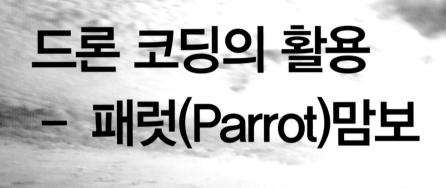

3 PART

드론 코딩의 활용
- 패럿(Parrot)맘보

자, 지금까지 DJI 의 텔로(TELLO)를 통해 드론 코딩의 기초적인 내용을 살펴봤습니다. 이제부터는 DJI 못지않게 드론의 새로운 지평을 연 것으로 평가받는 패럿(Parrot)사의 맘보(mambo)라는 드론을 살펴 보도록 하겠습니다. 혹시 텔로 파트를 보고 와야하는지 걱정할 필요는 없습니다. 이 책은 각 파트마다 독 립적으로 작성되었기 때문에 해당 부분만 보아도 됩니다. 맘보를 구매한 분들은 텔로 파트를 보지 않고 이 맘보 파트를 먼저 보아도 무방합니다.

{01} 개성있는 드론 개발사 패럿

[독특한 드론을 많이 개발한 패럿]

프랑스 파리에 본사를 둔 패럿(Parrot)은 사실 역사가 꽤 있는 회사입니다. 1994년에 설립되었고 원래는 블루투스 제품을 개발하는 전자제품 회사였습니다. 이후 드론에 투자하기 시작해서 2010년에 AR.Drone 이라는 꽤 히트친 드론을 내놓았습니다. 오히려 DJI 보다 시장에서 먼저 두각을 나타냈습니다. 이후에 패럿은 롤링스파이더 같은 실내용 장난감 드론과 비밥드론 같은 고성능 드론 등 다양한 시도들을 했고 꽤 좋은 평가를 받았습니다.

[현재 2.0버전까지 나와있는 AR.Drone]

패럿의 강점은 다른 업체에서 쉽게 하기 힘든 매우 독특하고 다양한 시도들을 한다는 것입니다. 패럿에서 만든 토이드론들도 천편일률적인 다른 장난감들과 확실히 다릅니다.

롤링스파이더
벽을 타는 곡예비행이 가능

점핑 스모
점프를 해서 장애물을 뛰어넘을 수 있다.

하이드로포일
보트와 결합해 물에서도 즐길 수 있는 드론

스윙
수직이착륙이 가능하고 헬기가 아닌 비행기처럼 비행 가능

[패럿에서 출시한 다양한 개성넘치는 드론들]

하지만 너무 다양한 제품을 시도한 것일까요? 2016년까지만 해도 DJI와 세계 드론 업계 1,2위를 다툴 정도였지만 최근 인력 감축 등 조금 어려운 시기를 지나고 있습니다. 개인적으로 좋아하는 회사인만큼 어서 위기를 넘기고 다시 재미있는 제품들을 많이 출시하기를 기대합니다.

패럿이 CES 에서 선보인 비밥 드론을 이용한 군집 비행 영상(아래 QR 코드를 찍으면 유튜브 영상을 볼 수 있어요). 여러분들도 열심히 드론코딩을 하면 이런 것들도 해볼 수 있겠죠?

{02} 맘보는 어떤 드론?

맘보는 이런 패럿의 다양한 시도들이 집결된 토이드론이라고 보면 됩니다. BB탄총과 집게와 같은 악세사리를 부착하고 실시간으로 동작시킬 수 있는 최초의 토이드론입니다. 아래의 소개 영상을 보시면 정말 장난감을 좋아하는 사람들의 구미를 쏙 당기는 매력적인 드론인 것을 알 수 있습니다.

맘보의 공식 소개 영상

그리고 다양한 앱과 프로그램을 통해서 코딩을 할 수 있는 방법을 제공합니다. 매우 범용적이고 안정적입니다. DJI 의 텔로도 무척이나 좋은 드론이지만 패럿의 맘보 또한 아주 좋은 드론이고 텔로보다 조금 더 재미있는 시도들을 많이 할 수 있습니다. 예를 들면 아래의 영상처럼 스마트폰으로 하는 스크림고 게임을 현실에서 재현해 볼 수도 있습니다.

드론으로 만든 스크림고 게임

자, 그럼 이렇게 매력적인 토이드론인 맘보를 직접 코딩해서 조작해 봅시다. 이렇게 많은 것들을 할 수 있는 드론이라니! 두근거리지 않나요? 얼른 시작해 봅시다!

{03} 맘보의 코딩

맘보를 코딩으로 조작할 수 있는 방법은 여러가지가 있습니다. 목록은 https://edu.parrot.com/apps.html에서 확인할 수 있습니다.

1) Workbench
2) Swift Playgrounds
3) Tynker
4) Simulink
5) Python
6) JavaScript
7) 안드로이드 / iOS 앱 프로그래밍

이 책에서는 쉽고 설정이 간편한 워크벤치(Workbench)와 직관적이고 체계적으로 코딩을 할 수 있는 아이패드용 스위프트 플레이그라운드(Swift Playgrounds)를 기준으로 코딩 방법에 대해 설명하였습니다.

3.1 워크벤치(Workbench)를 활용한 맘보 프로그래밍

워크벤치의 가장 큰 장점은 별도의 설치 없이 블루투스를 지원하는 컴퓨터만 있다면 웹사이트에서 mambo 드론의 코딩을 할 수 있다는 점입니다. 드론 코딩을 위해 별도의 가입이 필요하지 않고 마우스로 드래그 & 드롭으로 블록을 끌어다 붙이면 손쉽게 드론의 움직임을 프로그래밍 할 수 있습니다. 다만 한가지 아쉬운 점은, 간단한 명령어 위주이기 때문에 다음 챕터에서 소개할 스위프트 플레이그라운드(Swift Playgrounds)에서와 같이 한 명령어에 여러 움직임을 동시에 적용하는 기능은 현재는 없습니다.

워크벤치 웹사이트 https://edu.workbencheducation.com/toolbox/programming에 방문하면 다음과 같은 화면이 나옵니다.

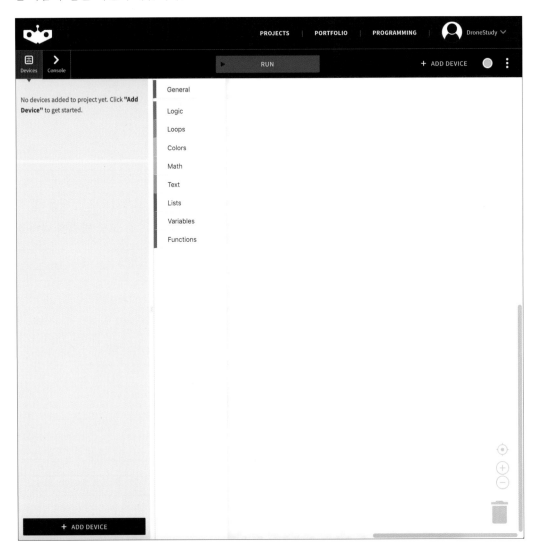

[ADD DEVICE] 버튼을 누르고 [Mini Drone]을 선택합니다.

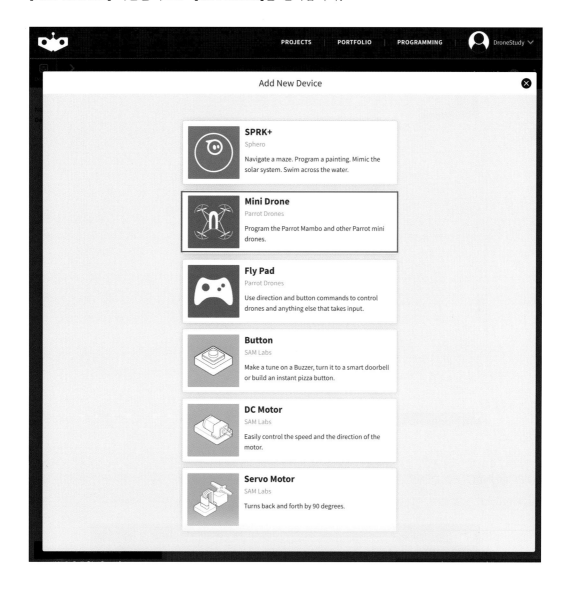

왼쪽에 있는 [CONNECT] 버튼을 누른 후 팝업창에서 내 드론을 선택합니다.

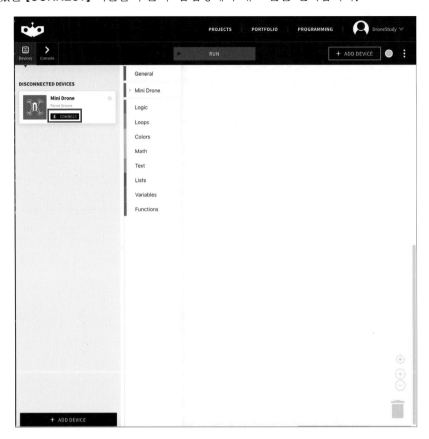

"DISCONNECTED DEVICES"가 "CONNECTED DEVICES"로 바뀌고 드론의 배터리 상태가 표시
되면 연결에 성공한 것입니다. 이제 워크벤치로 드론을 코딩할 준비가 되었습니다.

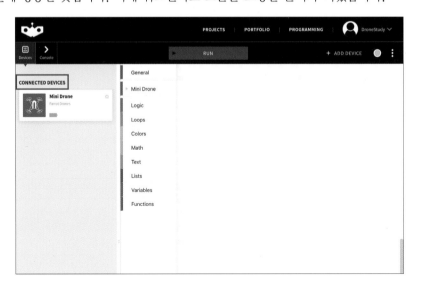

1) 워크벤치를 이용한 첫 번째 코딩

드론이 이륙해서 4초동안 머무른 후에 자동으로 착륙하게 되는 프로그램을 작성해 보도록 하겠습니다. 모든 프로그램은 [program start] 블록 안에서 시작됩니다. 먼저 [General] 탭에서 [program start]를 클릭합니다.

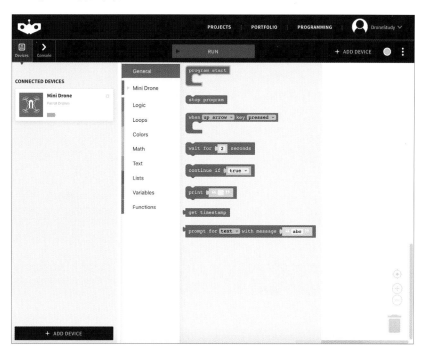

이륙을 하기 위해서 [Mini Drone] 탭 아래에 있는 [Actions]에서 [take off Mini Drone]블록을 클릭합니다. Take off는 '로켓이나 비행기등의 이륙' 혹은 '무언가를 시작'한다는 의미가 있습니다.

다음 그림과 같이 [take off Mini Drone]블록을 [program start]블록안으로 이동시킵니다. 이것은 "프로그램이 시작되면 드론을 이륙시켜줘"라는 뜻입니다.

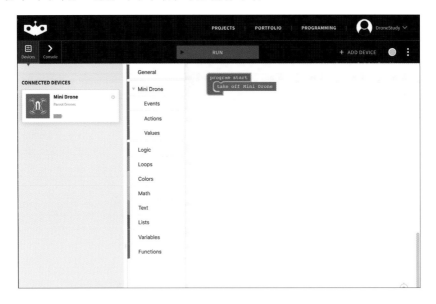

이번에는 드론을 4초간 제자리에 떠 있는 명령어를 실행시키도록 하겠습니다. [General] 탭 아래에 있는 [wait for 2 seconds]라는 블록을 선택합니다.

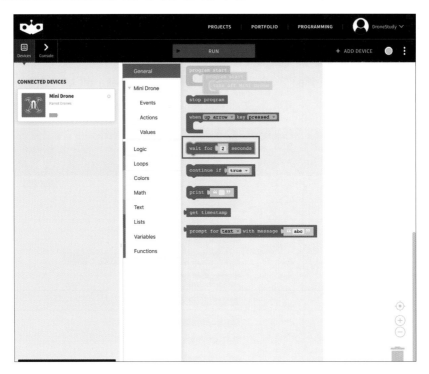

그 후 블록을 드래그 해서 [program start] 블록 안에, [take off Mini Drone] 아래에 [wait for 2 seconds] 블록을 위치시키도록 합니다.

우리의 목표는 2초가 아닌 4초간 떠 있는 것이니 숫자 2를 클릭해서 4로 바꾸도록 합니다.

4초간 머무른 후에는 [land Mini Drone] 블록을 [wait for 4 seconds] 블록 밑에 붙여넣어서 착륙을 합니다. land는 착륙한다는 의미가 있습니다. 착륙 명령어는 꼭 쓰지 않아도 모든 명령어가 수행된 후에는 드론이 착륙하게 됩니다. 착륙 명령어를 마지막에 붙여주는 것은 여러분의 선택입니다.

자 이제 프로그램이 완성되었습니다. 완성된 코드블록이 의미하는 것은 "프로그램이 시작되면 드론을 이륙시킨 후 4초간 기다려줘. 그리고 착륙시켜줘"라는 뜻입니다.

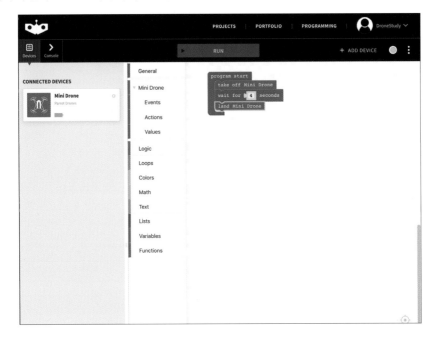

이제 드론이 날아오를 준비가 되었습니다. [RUN] 버튼을 클릭하면 [STOP]으로 버튼의 글자가 바뀌게 되고 드론이 이륙하게 됩니다. 또한 현재 실행되고 있는 코드블록을 표시해줍니다. 이것을 잘 따라가다보면 현재 어떤 블록에서 문제가 있어서 내가 의도한대로 드론이 움직이지 않는지 알 수 있습니다.

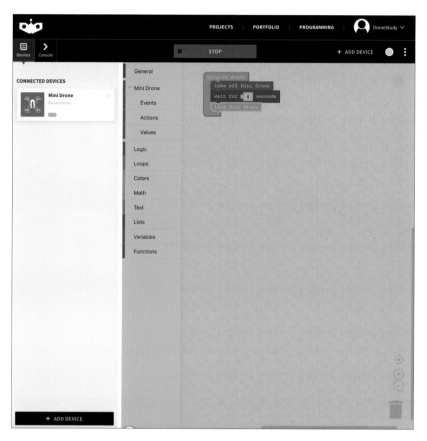

2) 워크벤치를 이용한 두 번째 코딩

그림과 같이 드론으로 사각형을 그리는 프로그램을 만들어보겠습니다.

이동(사각형 루프)

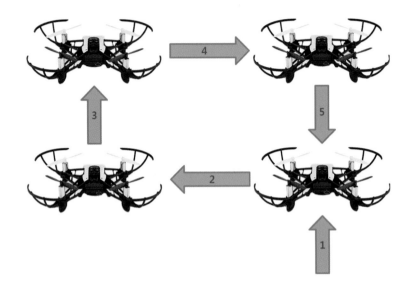

이전 프로그램과 마찬가지로 프로그램을 시작하기 위해서는 **[program start]** 블록이 필요합니다. **[General]** 탭에서 **[program start]**를 클릭합니다.

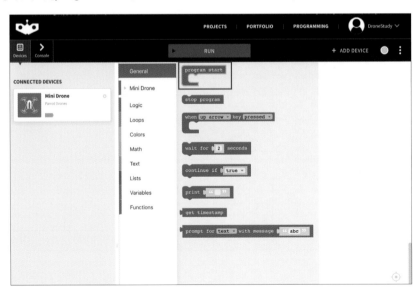

이륙을 하기 위해서 [Mini Drone] 탭 아래에 있는 [Actions]에서 [take off Mini Drone]을 끌어다 [program start]블록 안에 놓습니다.

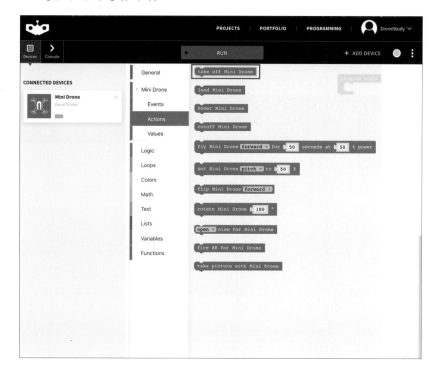

이륙 후에는 1초동안 기다립니다. [General]탭의 [wait for 2 seconds]를 선택합니다. [program start] 블록 안에, [take off Mini Drone] 아래에 [wait for 2 seconds] 블록을 위치시키도록 합니다. 블록 안에 있는 숫자를 2초에서 1초로 변경합니다.

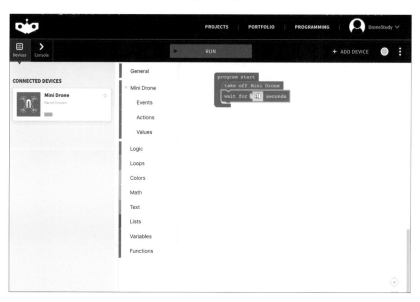

지금까지는 이전에 작성했던 프로그램과 크게 다르지 않습니다. 4초에서 1초로 줄었다는 부분만 다른 부분입니다. 이제 드론을 이동시켜보겠습니다. **[fly Mini Drone forward for 50 seconds at 50% power]**를 선택한 후 **[wait for 1 seconds]** 블록의 아래로 끌어다 놓습니다.

이 블록의 의미는 "드론을 앞쪽으로 이동시키되 최고 출력의 50%의 힘으로 50초 동안 이동해"라는 의미입니다.

드론이 움직일 방향, 움직임을 유지하는 시간, 그리고 마지막으로 속도를 정해주어야 합니다. 왼쪽으로, 1초동안, 그리고 매우 느린 속도인 최고속도의 10% 로 천천히 이동시켜보겠습니다. **[fly Mini Drone forward for 50 seconds at 50% power]**에서 왼쪽으로 이동하기 위해 앞쪽(forward)을 클릭한 후 왼쪽(left)으로 바꾸어 줍니다. 1초동안 이동하기 위해 50 seconds의 숫자를 클릭한 후 1로 바꾸어 줍니다. 10%의 속도로 날기 위해 50%의 숫자를 클릭한 후 10으로 바꾸어 줍니다.

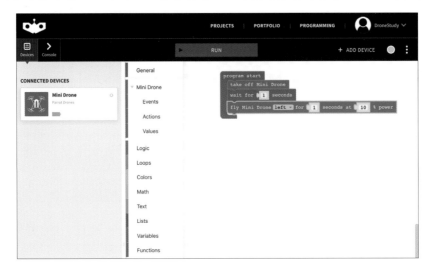

다시 1초간 기다립니다. 이번에는 왼쪽 탭에서 블록을 만드는 것이 아니라 이미 만든 [wait for 1 seconds]에서 마우스 오른쪽 버튼을 눌러 생긴 메뉴에서 복제(duplicate)를 선택해봅니다.

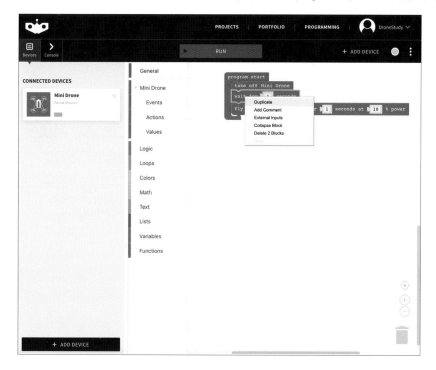

복제된 [wait for 1 seconds]를 다른 블록들 뒤로 끌어다 놓습니다.

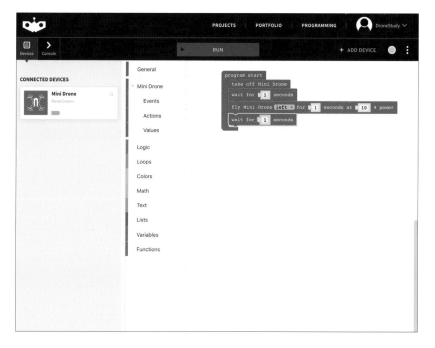

복제 기술을 익혔기 때문에 이제 좀 더 빠른 속도로 코딩이 가능합니다. [fly Mini Drone left for 1 seconds at 10% power] 버튼을 복제해서 다른 블록들 뒤로 끌어다 놓습니다. 그 다음 위쪽으로 움직이기 위해 방향을 왼쪽(left)에서 위쪽(up)으로 바꾸어 줍니다.

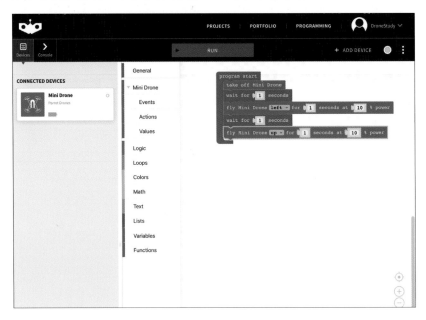

위쪽으로 움직이고 난 뒤 1초간 기다리기 위해 다시 [wait for 1 seconds] 블록을 복제해서 끌어다 놓습니다.

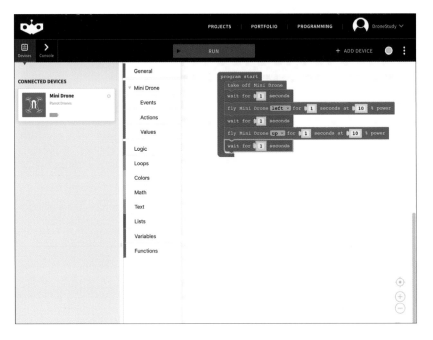

[fly Mini Drone left for 1 seconds at 10% power] 버튼을 복제해서 다른 블록들 뒤로 끌어다 놓습니다. 그 다음 오른쪽으로 움직이기 위해 방향을 왼쪽(left)에서 오른쪽(right)으로 바꾸어 줍니다.

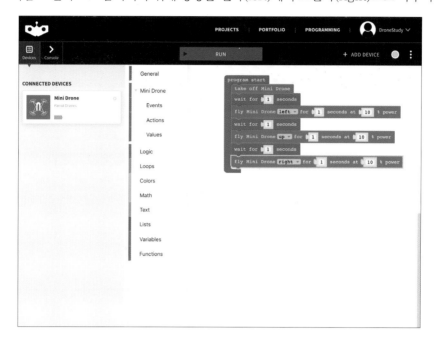

오른쪽으로 움직이고 난 뒤 1초간 기다리기 위해 다시 **[wait for 1 seconds]** 블록을 복제해서 끌어다 놓습니다.

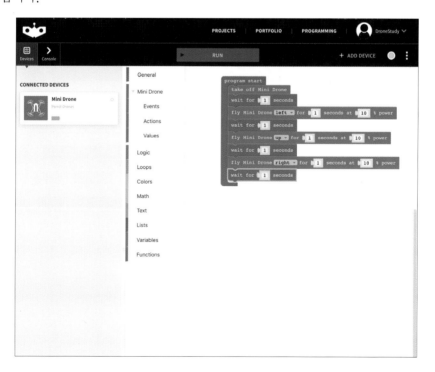

4각형의 마지막 변을 완성하기 위해 아래쪽으로 이동합니다. 마찬가지로 [fly Mini Drone left for 1 seconds at 10% power] 버튼을 복제해서 다른 블록들 뒤로 끌어다 놓고 방향을 왼쪽(left)에서 아래쪽(down)으로 바꾸어 줍니다.

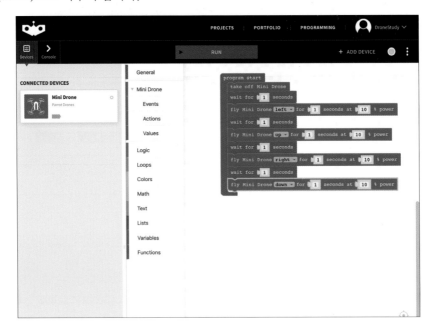

드디어 사각형이 완성되었습니다. 마지막으로 착륙 전에 다시한번 1초간 제자리에 떠있기 위해 [wait for 1 seconds] 블록을 복제해서 끌어다 놓습니다.

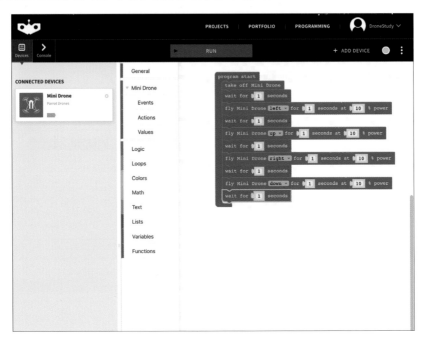

[Mini Drone] 탭 아래 [Actions] 탭 아래 있는 [land Mini Drone] 블록을 끌어다 놓음으로써 이제 무사히 착륙하는 프로그램까지 완성합니다.

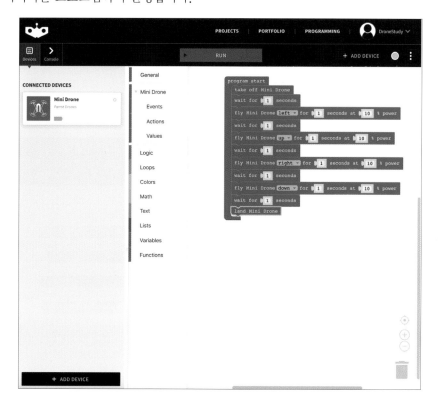

[Run] 버튼을 눌러 사각형이 예쁘게 그려지는지 확인합니다. 원하는 모양의 사각형이 아닌가요? 바람이나 드론의 기종, 상태에 따라 조금씩 모양이 다를 수 있습니다. [fly Mini Drone 방향 for 1 seconds at 10% Power] 버튼에서 시간과 속도를 숫자를 각각 바꿔가며 마음에 드는 크기의 사각형으로 만들어 볼 수 있습니다. 임의의 숫자를 넣어 어떻게 움직이는 지 관찰하는것도 재미있겠죠? 여기에 넣은 숫자들이 정답은 아닙니다. 여러분만의 숫자들을 넣어 모양을 예쁘게 만들어봅니다. 다만 주변의 공간이 좁거나 사람들 혹은 장애물들이 있다면 숫자를 너무 한번에 크게 늘리는 것은 주의합니다.

3) 워크벤치를 이용한 세 번째 코딩

이번에는 사각형을 5번을 반복해서 만든 후 착륙하는 프로그램을 만들어 보겠습니다. 이미 사각형은 두 번째 코딩섹션에서 만들어보았습니다. 5번을 반복해서 만드는 방법은 두가지가 있습니다. **[take off Mini Drone]** 블록과 **[land Mini Drone]** 블록 사이의 코드들을 그대로 복사해서 5번 붙여놓는 방법이 있지만 너무 코드가 길어지고 문제가 생겼을때 코드를 여러번 고쳐야 하는 번거로움도 있습니다.

반복문(loop)을 활용하면 좀 더 세련된 방법으로 같은 코드 수행을 반복할 수 있습니다. **[Loops]** 탭 아래에 있는 **[repeat 10 times / do]** 블록을 선택해서 **[take off Mini Drone]** 아래 있는 **[wait for 1 seconds]** 아래로 끌어다 놓습니다.

repeat은 반복한다는 의미를 가지고 있습니다. 즉 해당 블록이 의미하는 것은 "do 뒤에 나오는 블록들을 10번 반복해서 실행해"라는 의미입니다.

우리는 10번이 아니라 5번 반복(repeat)을 할 것이 때문에 10 times를 5 times로 바꾸어 줍니다.

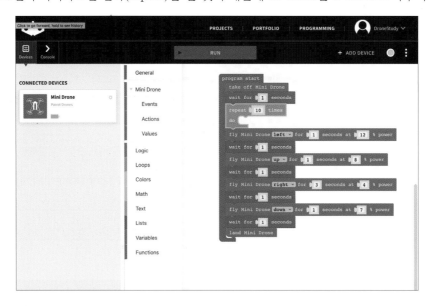

[repeat 5 times / do] 안쪽에 있는 코드들이 5번 반복해서 실행이 되기 때문에 4각형을 그리는 코드블록들을 [repeat 5 times / do] 코드 블록 안쪽으로 끌어다 놓습니다.

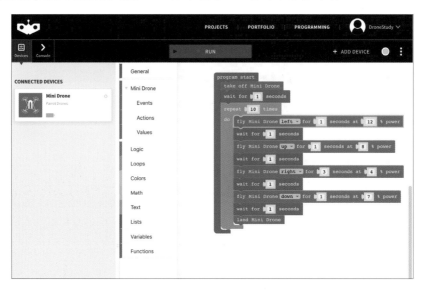

[RUN] 버튼을 눌러 사각형이 5번 그려지는 지 확인해봅니다. [repeat 5 times / do]의 숫자를 바꿔서 여러분이 원하는 만큼 사각형의 개수를 늘리거나 줄일 수도 있습니다. 세 번째 코딩은 두 번째 코딩에서 작성했던 코드의 대부분을 그대로 사용했기 때문에 길지는 않지만 프로그래밍에서 정말 많이 사용하는 반복문(loop)이 소개 되었습니다. 앞으로 많이 사용할 개념이니 잘 이해하면 코딩 공부에 많은 도움이 될 것입니다.

4) 워크벤치를 이용한 네 번째 코딩

네 번째 코딩에서도 사각형을 5번을 그려봅니다. 하지만 이번에는 변수(variable)을 이용해서 사각형의 크기를 점점 커지게 만들어봅니다. 이전 코딩에서 **[fly Mini Drone 방향 for 1 seconds at 10% Power]** 버튼에서 시간과 속도를 숫자를 각각 바꿔가며 마음에 드는 크기의 사각형으로 만들어 보았습니다. 이번에는 10%의 속도로 시작해서 사각형을 하나 완성할 때마다 5%씩 증가시켜가며 사각형을 5개 만들어 보겠습니다.

- 첫 번째 사각형: 10% 속도
- 두 번째 사각형: 15% 속도
- 세 번째 사각형: 20% 속도
- 네 번째 사각형: 25% 속도
- 다섯 번째 사각형: 30% 속도

조금 복잡해 보이지만 변수(variable)를 사용하면 반복문(loop)이 한번 수행될 때마다 우리가 원하는 속도의 숫자를 얻을 수 있습니다. 10%, 15%, 20%, 25%, 30%이라는 말은 다시 말하면 10에서 시작해서 30까지 갈 때 한번에 5씩 증가시키는 것과 같은 의미입니다. 이제 코딩을 해보겠습니다.

[program start] 블록으로 프로그램을 시작합니다. **[General]** 탭에서 **[program start]**를 클릭합니다.

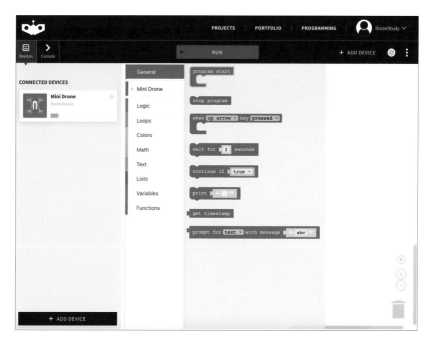

이번에는 [Loops] 탭에서 [count with i from 1 to 10 by 1] 블록을 선택합니다. 이 블록의 의미는 "i라는 변수가 있는데 이 i는 1에서 시작해서 10까지 진행하고 1씩 증가한다"라는 의미입니다.

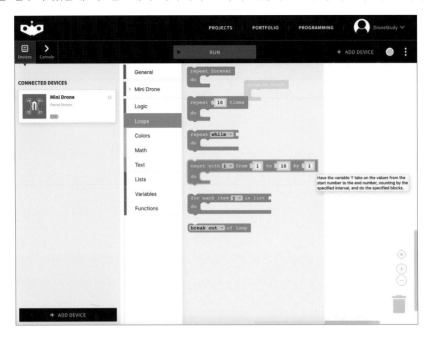

10, 15, 20, 25, 30이라는 숫자들을 얻기 위해서는 우리는 10에서 시작해서 30까지 진행하고 5씩 증가시켜야 합니다. 그림과 같이 [count with i from 1 to 10 by 1]를 [count with i from 10 to 30 by 5]로 변경해줍니다.

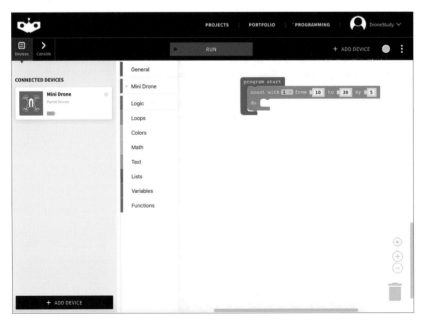

드론을 날리기 전에 변수 i가 우리가 원하는 숫자들이 찍히는지 먼저 시험해봅니다. [General] 탭에서 [print “ ”] 블록을 선택합니다.

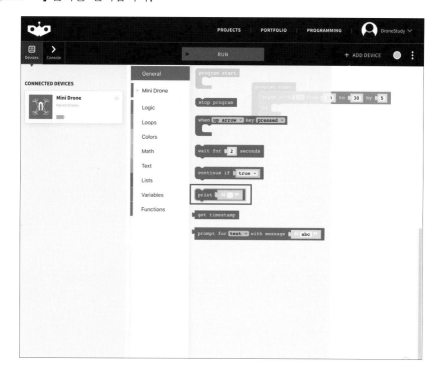

[print “ ”] 블록에서 변수 i를 프린트하기 위해 [Variables] 탭에서 [i] 블록을 선택합니다.

[print " "] 블록의 따옴표 부분에 [i] 블록을 붙여넣고 [RUN] 버튼을 눌러 실행해봅니다.

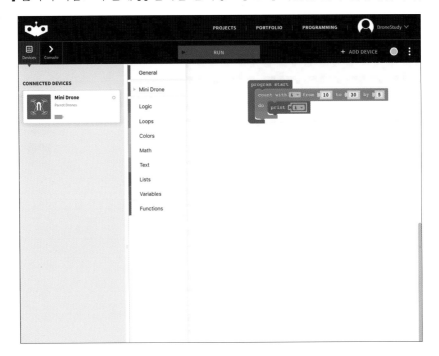

왼쪽의 콘솔(Console) 탭이 활성화 되면서 숫자들이 찍힌것이 보입니다. 우리가 원하던 10, 15, 20, 25, 30 이라는 숫자들이 차례대로 찍혔습니다. [CLEAR CONSOLE] 버튼을 누르면 화면에 찍힌 숫자들을 지울 수도 있습니다.

이제 드론을 조작하는 코드를 작성해 봅시다. **[Mini Drone]** 탭에서 **[fly Mini Drone 방향 for 시간 seconds at 출력% power]** 블록을 선택해서 **[fly Mini Drone left for 1 seconds at i% power]**로 변경해줍니다.

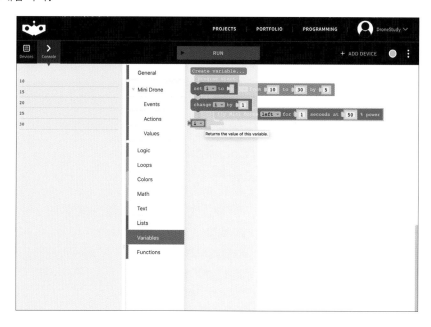

[fly Mini Drone 방향 for 1 seconds at i% power]의 방향 부분에 위쪽, 오른쪽, 아래쪽을 차례대로 추가해줍니다. 착륙과 이륙 코드블록을 각각 프로그램 시작과 끝에 넣고 **[Run]** 버튼을 눌러서 점점 크게 사각형을 그리는 드론의 움직임을 감상해봅시다.

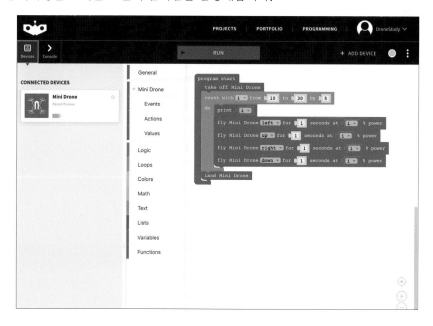

5) 워크벤치를 이용한 다섯 번째 코딩

맘보의 장점 중의 하나는 다양한 악세사리들이 있다는 것입니다. 그 중에서도 캐논이라고 하는 BB 탄총은 아이들에게 인기 만점이죠! 미니드론 맘보 (+미션)를 구입했다면 워크벤치 프로그램으로 BB탄도 발사할 수 있습니다. 먼저 BB탄 발사기를 맘보 드론에 연결합니다.

[Mini Drone] → [Actions] 탭에서 **[fire BB for Mini Drone]** 블록을 선택합니다.

[fire BB for Mini Drone] 블록을 **[take off Mini Drone]**와 **[land Mini Drone]** 사이에 끌어다 놓고 **[RUN]**을 눌러 실행시키면 BB탄 총알이 발사하게 됩니다. 반드시 안전한 장소에서 안전장비를 갖추고 코드를 실행해야 합니다.

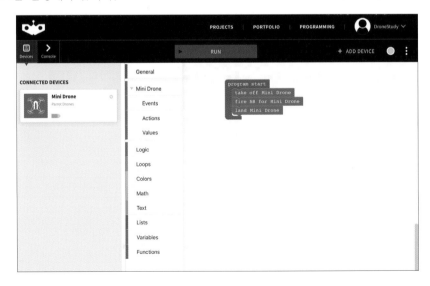

6) 워크벤치를 이용한 여섯 번째 코딩

이전 코딩 과제와 마찬가지로 미니드론 맘보(+미션)를 구입했다면 워크벤치 프로그램으로 집게발 기능을 동작시킬 수 있습니다. 집게발은 grabber라고도 하고 claw라고도 합니다. 워크벤치에서는 [open/close claw for Mini Drone]이라는 버튼으로 집게발을 조작할 수 있습니다. 이륙 후 집게발을 열어봅시다.

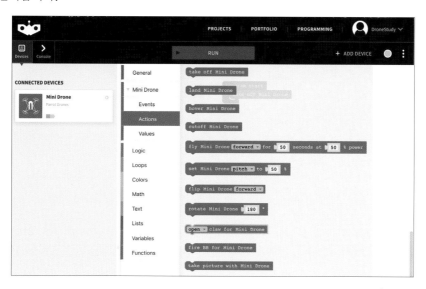

이벤트(event)는 어떤 사건이 발생하면 실행되는 코드 블록입니다. 이벤트(event)는 [program start] 블록 안에 들어가지 않고 밖에 따로 나와있습니다. 다른 드론 움직임처럼 순차적으로 실행되는 것이 아니라 해당 이벤트, 즉 사건이 발생하면 별도로 실행되기 때문입니다. [program start] 블록에 있는 코드들과는 별개로 동시에 실행이 될 수도 있습니다. 실제로 코딩을 해보고 코드를 실행하다보면 이해에 도움이 됩니다.

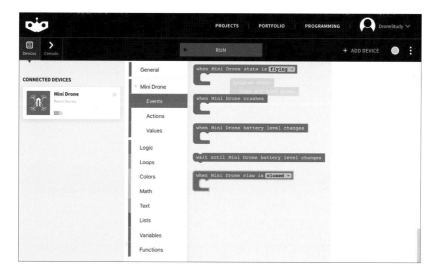

집게발을 열고 집게발이 열려있으면 180도 돈 후에 집게발을 닫고 착륙하는 프로그램입니다. 이벤트 코드를 사용했기 때문에 착륙 후에도 프로그램이 끝나지 않고 계속해서 이벤트가 발생하는지를 체크하고 있습니다. [STOP] 버튼을 눌러 프로그램을 중단해야 프로그램이 끝납니다.

이벤트 블록은 [program start] 블록과 동시에 실행된다고 했습니다. [land Mini Drone] 블록을 [program start] 블록 안으로 끌어다 놓으면 어떤 현상이 발생할까요? 코드를 실행하기 전에 한번 추측해본 후에 실행해봅니다.

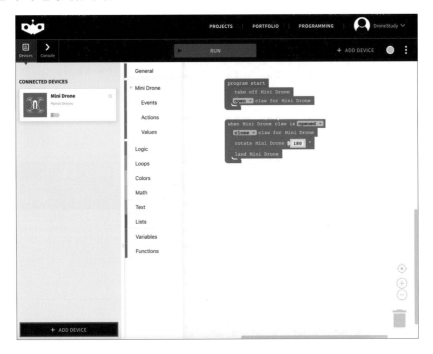

착륙과 회전이 동시에 일어나는 드론의 멋진 움직임을 예상했었나요?
워크벤치의 이벤트를 이용해서 자신만의 더 멋진 움직임들을 만들어보시기 바랍니다.

3.2 스위프트 플레이그라운드(Swift Playgrounds)를 활용한 맘보 프로그래밍

지금까지는 워크벤치라는 웹사이트를 활용한 코딩을 살펴봤다면 지금부터는 아이패드의 '스위프트 플레이그라운드' 앱을 활용해서 맘보 드론 프로그래밍을 해보도록 하겠습니다. 코드 블록을 끌어오는 것이 아니라 직접 코드를 입력하기 때문에 워크벤치보다는 다소 어려울 수도 있지만 그만큼 더 세밀하게 드론을 조작할 수 있습니다.

이 앱은 아이패드용이기 때문에 윈도우나 안드로이드 태블릿에서는 실행할 수 없고 아이패드가 있어야 합니다. 또한 맥북에서도 실행할 수 없으니 참고하시기 바랍니다.

아이패드의 앱스토어에 가서 Swift playgrounds를 검색하고 다운로드합니다.

스위프트 플레이그라운드 앱을 실행하고 스크롤을 내리면 Parrot Education이 있습니다. 구독을 누르고 Parrot Education 을 다운로드 받습니다.

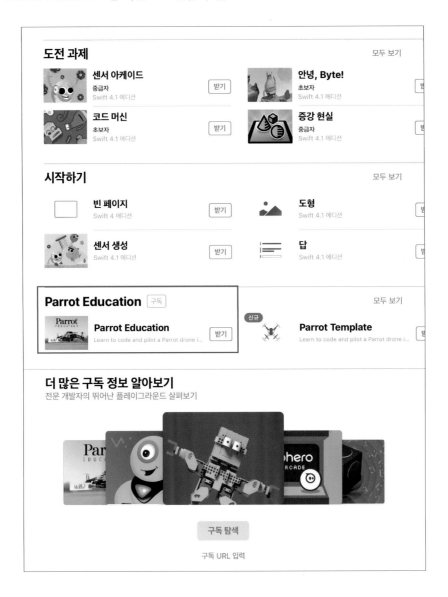

아이패드의 블루투스가 켜져 있다면 **[Connect Drone]**을 누릅니다. 워크벤치에서와 마찬가지로 가까이에 있는 드론(패럿 맘보)가 표시될 것입니다. 이제 코딩할 준비가 되었습니다.

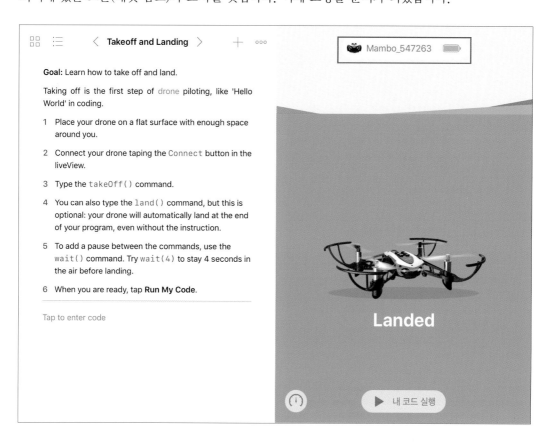

1) 스위프트 플레이그라운드를 이용한 첫 번째 코딩

[Tap to enter code] 부분을 터치하면 코드를 입력할 수 있습니다. 다음과 같이 코드를 입력한 후 [▶ 내 코드 실행]을 터치하면 드론이 이륙해서 4초간 머무른 후 착륙하게 됩니다. land( )를 반드시 적어줄 필요는 없습니다. 모든 프로그램이 끝나면 자동으로 land( )가 실행되기 때문입니다.

프로그램 설명

takeOff( ) - 드론이 지상에서 떠오릅니다. 모든 프로그램은 이륙한 후에 동작합니다.

wait(4) - 4초간 떠오른 상태를 유지합니다.

land( ) - 드론이 천천히 착륙합니다.

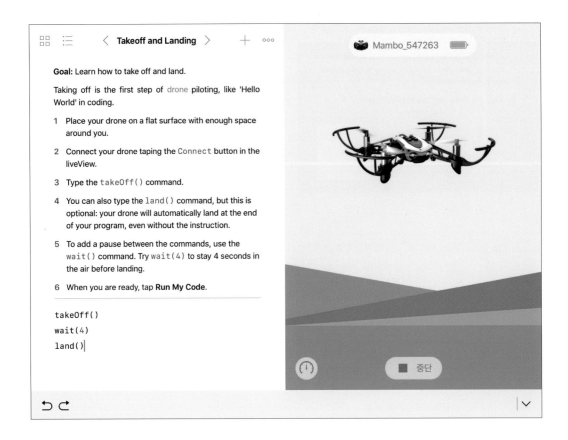

단계별로 과제를 수행해 나가면서 프로그래밍을 할 수 있습니다. 아직 한글화가 되어있지는 않습니다. 하지만 그리 어렵지 않은 영어로 되어있고 드론의 기본적인 움직임은 워크벤치에서 학습해 보았기 때문에 재미있게 진행이 가능할 것입니다.

또한 드론을 움직일 수 있는 명령어들을 단계별로 학습할 수 있고, 모든 과제를 완성하면 분명히 큰 성취감이 있을 것이기 때문에 꼭 해보길 권합니다!

아직 한글화가 안 되어, 영어가 익숙하지 않은 분들을 위해 몇 가지 기본적인 명령어에 대한 학습을 아래에 작성해 놓으니 참고하시기 바랍니다.

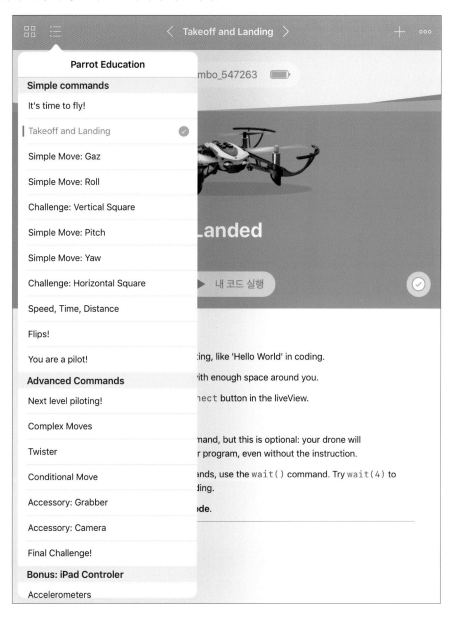

● 상승과 하강

첫 번째는 상승과 하강입니다. 왼쪽 상단의 목록 아이콘을 눌러서 세 번째 줄의 'Simple Move:
Gaz'를 선택해 줍니다.

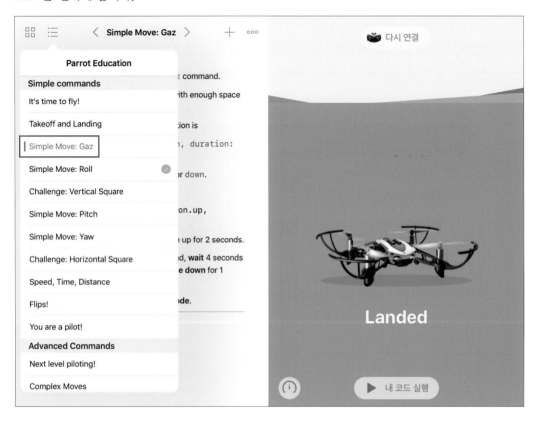

드론은 3차원으로 움직이기 때문에 3가지 축을 가지고 있습니다. '상승/하강', '앞/뒤', '좌/우'가 그 것입니다. 보다 자세한 드론의 움직임 및 조작법은 책 뒤편에 따로 준비한 '드론 조종법 부분'을 참고하시기 바랍니다. 여기서는 먼저 '상승/하강'에 대한 부분을 다루겠습니다.

이 앱에서는 gaz 라는 단어를 쓰지만 일반적으로는 '쓰로틀(Throttle)'이라는 단어를 더 많이 씁니다. 참고하여 알아둡시다. 화면의 설명은 '이륙 후 1초간 상승하고 그 후 4초간 호버링 하다가 1초간 하강한 후에 착륙'하는 코드를 작성해볼 것을 안내하고 있습니다. 빨간색 글씨로 표시된 [Tap to enter code] 부분을 터치하여 코드를 입력해 봅시다.

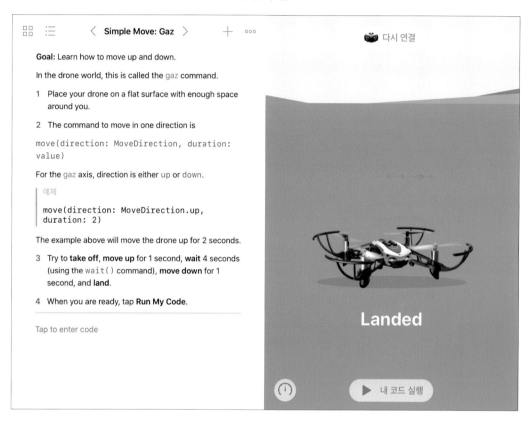

한 가지 팁은 모든 명령어를 일일이 타이핑을 하지 않아도 화면 하단부를 보면 명령어 목록을 추천해 줍니다. 이것들 중에서 본인이 넣고 싶은 명령어를 선택하면 간단하게 코드를 작성할 수 있습니다.

직접 코드를 적고 싶다면 화면 오른쪽 하단의 ∧ 표시를 터치하면 가상 키보드가 생성됩니다. 이 키보드를 활용하여 타이핑을 하면 되고, 혹시 집에 굴러다니는 블루투스 키보드가 있다면 이것을 연결하여 사용하면 매우 편리합니다.

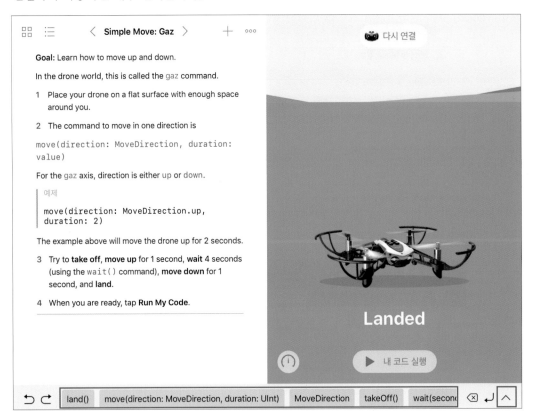

다음과 같이 코드를 입력한 후 [▶ 내 코드 실행]을 터치하면 드론이 이륙해서 1초 상승 후 4초간 호버링, 다시 1초 하강 후 착륙하게 됩니다.

프로그램 설명

takeOff( ) - 드론이 지상에서 떠오릅니다. 모든 프로그램은 이륙한 후에 동작합니다.
move(direction: MoveDirection.up, duration: 1) - 드론이 1초간 상승합니다.
wait(4) - 4초간 떠오른 상태를 유지합니다.
move(direction: MoveDirection.down, duration: 1) - 드론이 1초간 하강합니다.
land( ) - 드론이 천천히 착륙합니다.

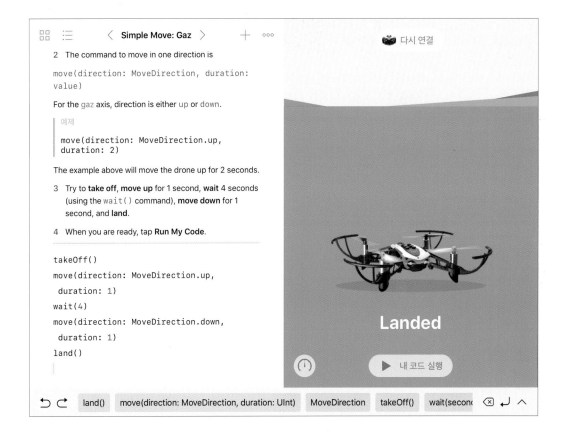

● 좌우 이동

두 번째는 좌우 이동입니다. 왼쪽 상단의 목록 아이콘을 눌러서 네 번째 줄의 'Simple Move: Roll'
을 선택해 줍니다.

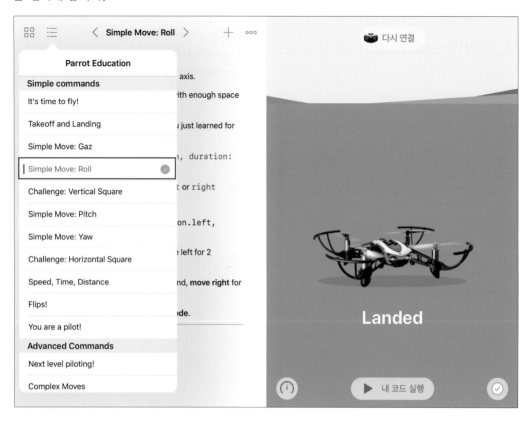

화면의 설명은 '이륙 후 1초간 왼쪽으로 이동, 다시 1초간 오른쪽으로 이동한 후 착륙'하는 코드를 작성해볼 것을 안내하고 있습니다. 빨간색 글씨로 표시된 **[Tap to enter code]** 부분을 터치하여 코드를 입력해 봅시다.

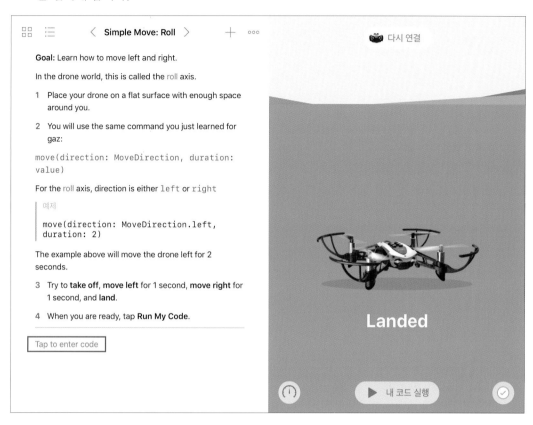

다음과 같이 코드를 입력한 후 [▶ 내 코드 실행]을 터치하면 드론이 이륙해서 2초간 왼쪽으로 이동, 다시 2초간 오른쪽으로 이동 후 착륙하게 됩니다.

화면의 설명에서는 1초간 이동하라고 안내하고 있지만 너무 조금 움직일 경우 분간이 힘들 수 있어서 2초로 늘렸습니다. 그리고 아마 눈썰미가 있는 분들은 눈치채셨겠지만 중간에 2초간 제자리에 머무르는 코드를 삽입하였습니다. 이것은 워크벤치에서도 사용했던 스킬로, 각 명령어가 제대로 완료되기까지 충분한 시간을 확보하기 위함입니다. 여러분들도 종종 의도한대로 드론이 작동하지 않을 경우 명령어 사이사이에 호버링을 충분히 넣어주면 해결되는 경우가 종종 있을 것입니다.

프로그램 설명

takeOff( ) – 드론이 지상에서 떠오릅니다. 모든 프로그램은 이륙한 후에 동작합니다.

move(direction: MoveDirection.left, duration: 2) – 드론이 2초간 왼쪽으로 이동합니다.

wait(2) – 2초간 떠오른 상태를 유지합니다.

move(direction: MoveDirection.right, duration: 2) – 드론이 2초간 오른쪽으로 이동합니다.

land( ) – 드론이 천천히 착륙합니다.

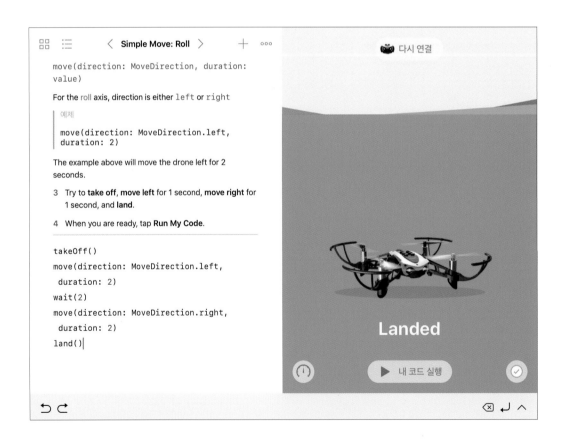

● 앞뒤 이동

세 번째는 앞뒤 이동입니다. 왼쪽 상단의 목록 아이콘을 눌러서 여섯 번째 줄의 'Simple Move: Pitch'를 선택해 줍니다.

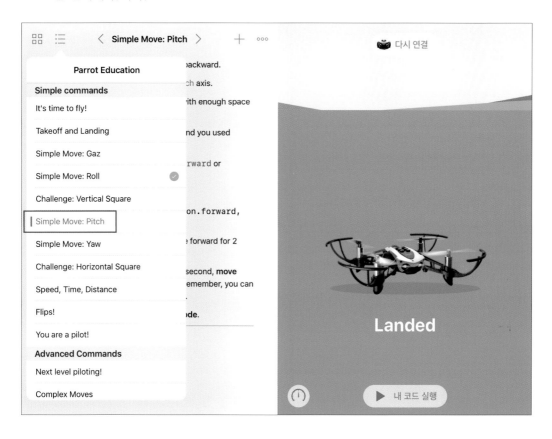

화면의 설명은 '이륙 후 1초간 앞으로 이동, 다시 1초간 뒤로 이동한 후 착륙'하는 코드를 작성해볼 것을 안내하고 있습니다. 빨간색 글씨로 표시된 **[Tap to enter code]** 부분을 터치하여 코드를 입력해 봅시다.

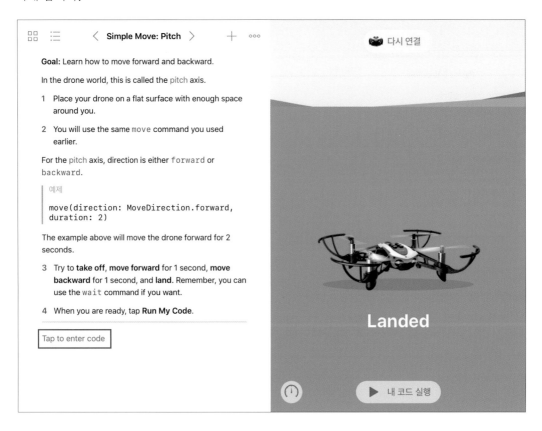

다음과 같이 코드를 입력한 후 **[▶ 내 코드 실행]**을 터치하면 드론이 이륙해서 2초간 앞으로 이동, 다시 2초간 뒤로 이동 후 착륙하게 됩니다.

앞의 좌우 이동과 마찬가지로 여기에서도 이동 시간을 2초로 늘렸습니다.

프로그램 설명
takeOff( ) - 드론이 지상에서 떠오릅니다. 모든 프로그램은 이륙한 후에 동작합니다.
move(direction: MoveDirection.forward, duration: 2) - 드론이 2초간 앞으로 이동합니다.
wait(2) - 2초간 떠오른 상태를 유지합니다.
move(direction: MoveDirection.backward, duration: 2) - 드론이 2초간 뒤로 이동합니다.
land( ) - 드론이 천천히 착륙합니다.

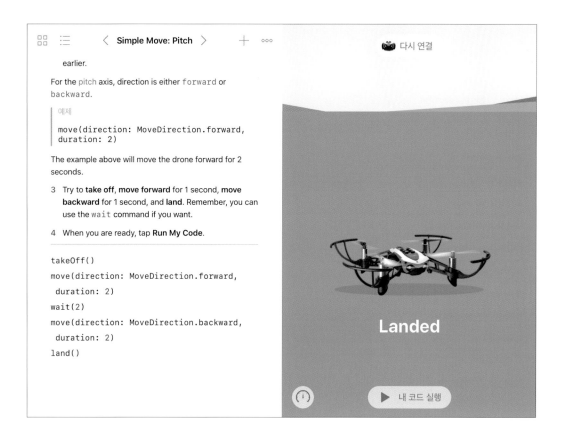

🐦 다시 연결

earlier.

For the pitch axis, direction is either `forward` or `backward`.

예제

```
move(direction: MoveDirection.forward,
duration: 2)
```

The example above will move the drone forward for 2 seconds.

3 Try to **take off**, **move forward** for 1 second, **move backward** for 1 second, and **land**. Remember, you can use the `wait` command if you want.

4 When you are ready, tap **Run My Code**.

```
takeOff()
move(direction: MoveDirection.forward,
 duration: 2)
wait(2)
move(direction: MoveDirection.backward,
 duration: 2)
land()
```

Landed

▶ 내 코드 실행

● 회전(시계/반시계 방향)

네 번째는 회전입니다. 이것은 드론을 위에서 봤을 때 시계방향 혹은 반시계방향으로 회전시키는 것입니다.

왼쪽 상단의 목록 아이콘을 눌러서 일곱 번째 줄의 'Simple Move: Yaw'를 선택해 줍니다.

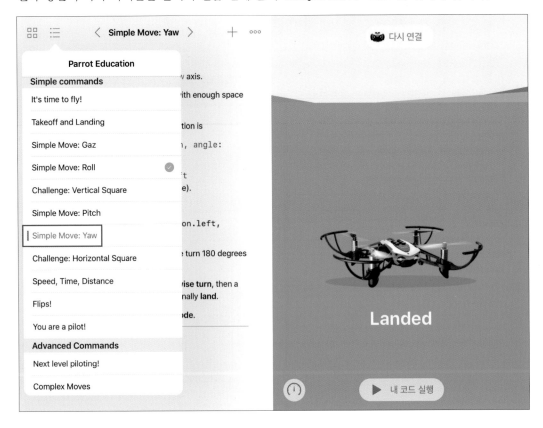

화면의 설명은 '이륙 후 시계방향으로 180도 회전, 다시 반시계방향으로 180도 회전한 후 착륙'하는 코드를 작성해볼 것을 안내하고 있습니다. 빨간색 글씨로 표시된 **[Tap to enter code]** 부분을 터치하여 코드를 입력해 봅시다.

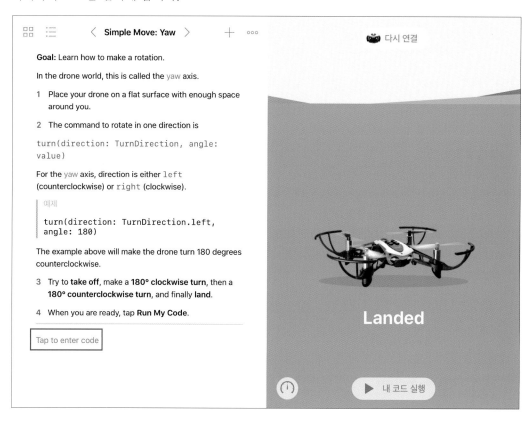

다음과 같이 코드를 입력한 후 [▶ 내 코드 실행]을 터치하면 드론이 이륙해서 시계방향으로 180도 회전하고, 다시 반시계방향으로 180도 회전 후 착륙하게 됩니다.

영어로 clockwise가 시계방향, counterclockwise가 반시계방향을 의미합니다. 여기에서는 드론의 머리부분을 기준으로 하므로 오른쪽으로 회전하는 것이 시계방향이 되고, 반대로 왼쪽으로 회전하는 것은 반시계방향이 됩니다.

한편 앞에서 사용했던 명령어와는 다른 명령어가 나왔습니다. 바로 **turn( )**이라는 명령어입니다. 사실 **move( )**와 원리는 같으니 겁먹지 말고 시도해보면 됩니다. 여기서 단위는 각도 ° 가 됩니다.

프로그램 설명

takeOff( ) – 드론이 지상에서 떠오릅니다. 모든 프로그램은 이륙한 후에 동작합니다.

turn(direction: TurnDirection.right, angle: 180) – 드론이 시계방향으로 180도 회전합니다.

wait(2) – 2초간 떠오른 상태를 유지합니다.

turn(direction: TurnDirection.left, angle: 180) – 드론이 반시계방향으로 180도 회전합니다.

wait(2) – 2초간 떠오른 상태를 유지합니다.

land( ) – 드론이 천천히 착륙합니다.

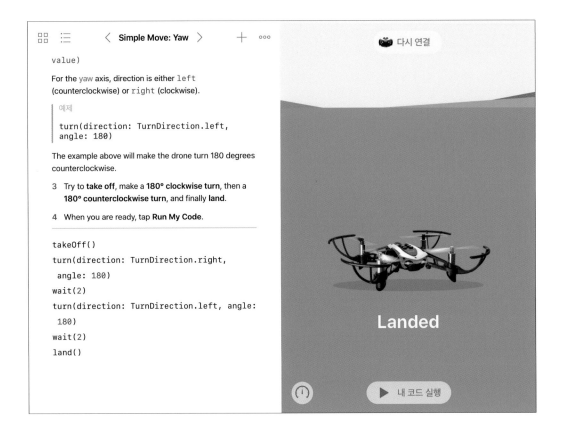

2) 스위프트 플레이그라운드를 이용한 두 번째 코딩

스위프트 플레이그라운드의 초기화면에서 Parrot Education에서 Parrot Template을 받습니다. 스위프트 두 번째 코딩부터는 Parrot Template에서 진행하도록 하겠습니다.

앞의 Parrot Education의 모든 단계를 학습하지 않았다는 가정하에 아래의 과정을 서술했습니다. 따라서 내용이 다소 겹치는 부분이 있을 수 있습니다.

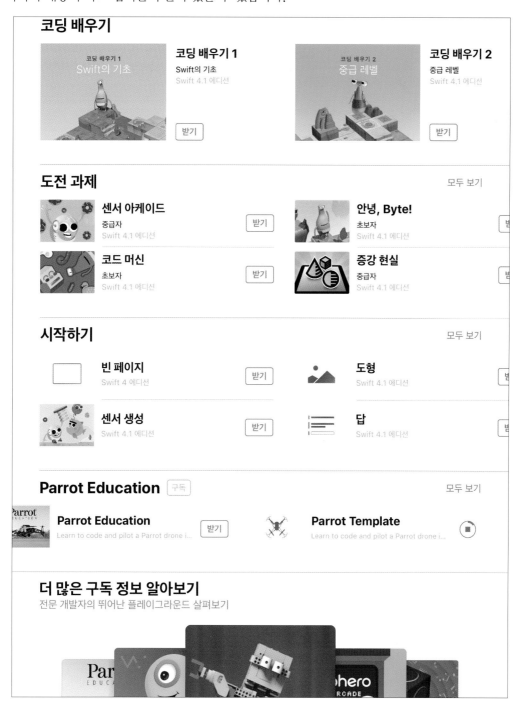

패럿 템플릿(Parrot Template)은 정해진 교육 코스가 아닌 사용자가 자유롭게 코드를 작성할 수 있는 템플릿입니다. 이 템플릿을 이용해서 우리가 원하는 다양한 드론 코딩을 시도할 수 있습니다. 패럿 템플릿을 다운받으면 다음과 같이 '나의 플레이그라운드'에 표시됩니다. 이것을 클릭해서 선택하면 됩니다.

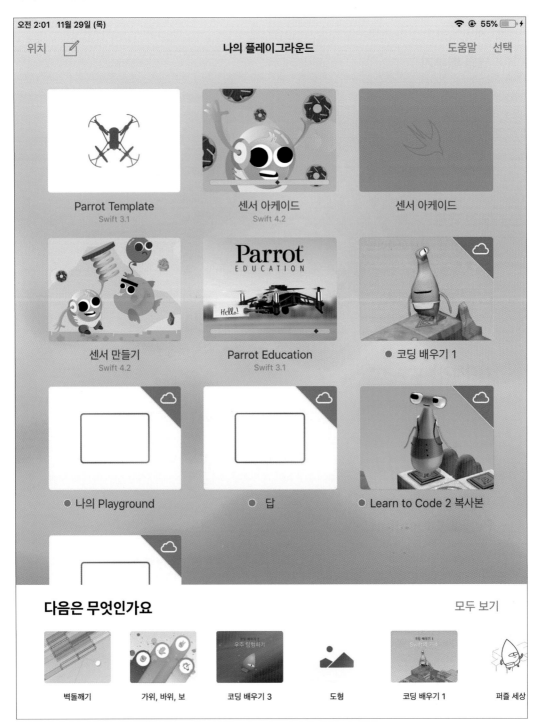

기본적인 인터페이스는 앞서 학습했던 Parrot Education 페이지와 같습니다. 아래의 캡쳐 이미지는 아이패드를 가로로 길게 들었을 때 배치되는 화면입니다.

좌상단의 메뉴 아이콘 을 누르면 '나의 플레이그라운드'로 돌아가게 되고, 그 오른쪽의 목록 아이콘 을 누르면 새로운 템플릿을 추가 혹은 삭제하거나 본인이 작성한 여러개의 템플릿들 중에서 선택할 수 있습니다.

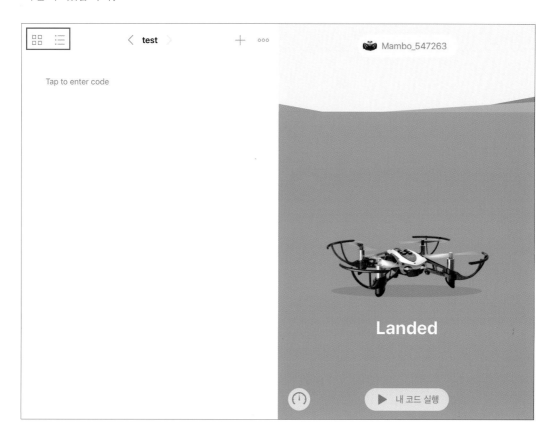

앞에서 이륙과 착륙을 배웠으니 이제 움직임에 대해 학습해 보겠습니다. move라는 코드를 활용하면 왼쪽, 오른쪽, 위쪽, 아래쪽, 앞쪽, 뒤쪽 이렇게 총 6가지의 움직임을 프로그래밍 할 수 있습니다. 이번 프로그램에서는 위쪽으로 2초간 움직인 후에, 왼쪽으로 1초간 움직이고, 1초간 앞으로 움직인 후 착륙하는 프로그램을 만들어보겠습니다. 아래와 같이 코드를 작성 한 후에 [▶ 내 코드 실행] 버튼을 눌러 실행해봅니다.

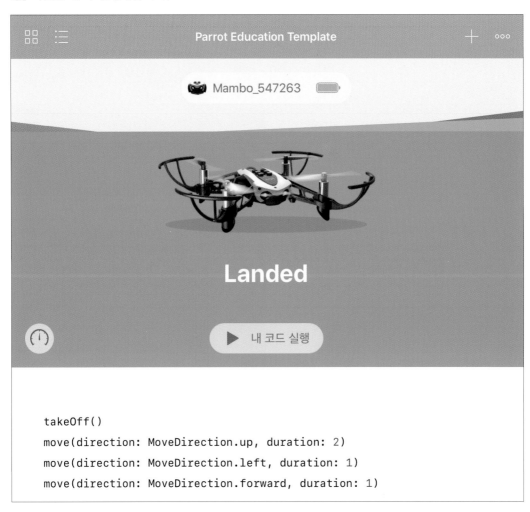

```
takeOff()
move(direction: MoveDirection.up, duration: 2)
move(direction: MoveDirection.left, duration: 1)
move(direction: MoveDirection.forward, duration: 1)
```

:: 유튜버가 알려주는 모바일 앱 드론 나혼자 코딩

move는 방향(direction)과 몇 초 동안(duration) 움직일지 알려주어야 동작합니다. 방향(direction)을 알려주기 위해서는 아래의 코드 중 하나를 사용합니다. 예를 들어 MoveDirection.up은 "움직이는 방향은 위쪽"이란 뜻입니다.

- 위쪽: `MoveDirection.up`
- 아래쪽: `MoveDirection.down`
- 왼쪽: `MoveDirection.left`
- 오른쪽: `MoveDirection.right`
- 앞쪽: `MoveDirection.forward`
- 뒤쪽: `MoveDirection.backward`

duration에는 몇 초동안 그 방향으로 움직이고 싶은지를 적어주면 됩니다. 예를들어 아래쪽으로 5초동안 움직이고 싶다면 move(direction: MoveDirection.down, **duration: 5**)라고 적어주면 됩니다.

3) 스위프트 플레이그라운드를 이용한 세 번째 코딩

이번에는 드론을 회전하는 코드를 배워보록 하겠습니다. 회전을 하기 위해서는 turn( )이라는 코드를 사용합니다. move에서와 마찬가지로 방향 (direction)을 알려주어야 합니다. 이번에는 움직이는방향(MoveDirection)이 아니라 회전하는 방향(TurnDirection)을 사용합니다.

- 시계 반대 방향으로 회전(좌회전): TurnDirection.left
- 시계 방향으로 회전(우회전): TurnDirection.right

그 다음에는 몇도를 회전할지를 알려주어야 합니다. 360은 한바퀴를 도는 것이고, 180은 반바퀴, 90은 반의 반바퀴를 돌게 됩니다.

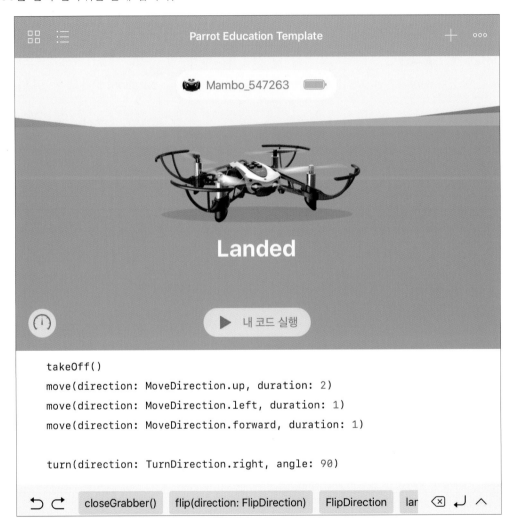

코드를 실행시키면 **스위프트 플레이그라운드를 이용한 두 번째 코딩**의 움직임을 모두 마친 후 시계 방향으로 90도를 회전한 후 착륙하게 될 것입니다.

4) 스위프트 플레이그라운드를 이용한 네 번째 코딩

flip( ) 코드를 사용하면 맘보 드론의 멋진 재주넘기를 볼 수 있습니다. move( ), turn( )과 마찬가지로 뒤집을 방향(direction)을 알려주어야 합니다. 예를 들어 FlipDirection.front가 의미 하는 것은 뒤집을 방향(FlipDirection)은 앞쪽(front)라는 뜻입니다.

이번 코딩 예제에서는 아래의 4방향 모두 실행해보도록 하겠습니다.

- 앞쪽: `FlipDirection.front`
- 뒤쪽: `FlipDirection.back`
- 왼쪽: `FlipDirection.left`
- 오른쪽: `FlipDirection.right`

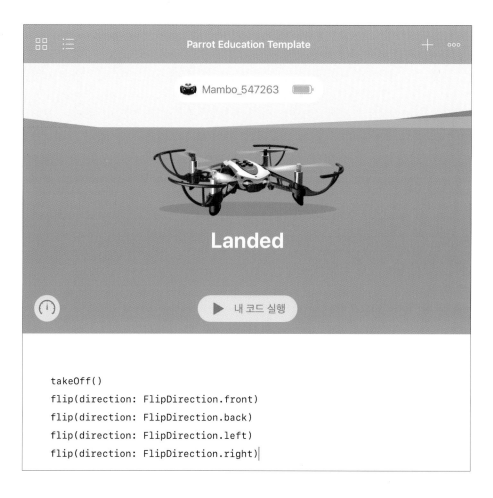

```
takeOff()
flip(direction: FlipDirection.front)
flip(direction: FlipDirection.back)
flip(direction: FlipDirection.left)
flip(direction: FlipDirection.right)
```

전후좌우로 재주 넘는 드론의 모습이 멋지지 않았나요? 다음 코딩은 지금까지 배운 움직임들을 동시에 적용하기 때문에 상당히 어려울 수도 있지만 진짜 멋진 드론의 움직임을 볼 수 있을것입니다. 기대하셔도 좋습니다.

5) 스위프트 플레이그라운드를 이용한 다섯 번째 코딩

이번에는 앞에서 배운 move( ) 명령어를 사용하지만 다른점은 괄호( ) 안에 들어가는 내용이 다릅니다. 괄호 안에 한꺼번에 드론의 모든 움직임을 제어하는 명령어를 사용해 보겠습니다.

이 move( ) 코드는 조금 더 정확히 말하면 move( )와 turn( )이 하나의 명령어에 합쳐져 있다고 볼 수 있습니다. 그렇기 때문에 좀 더 세분화된 움직임에 대한 방향 정보와 각 방향의 −100에서 100 사이의 숫자인 속도정보를 주어야 합니다. 기본적으로 100은 최대속력 −100은 반대방향으로 최대속력을 의미합니다.

움직임의 종류는 아래와 같습니다.

- pitch(앞, 뒤): -100(앞)에서 100(뒤)사이의 속도. 예) -100은 앞으로 최대속력, 100은 뒤로 최대속력.
- roll(좌, 우): -100(좌)에서 100(우)사이의 속도. 예) -50은 왼쪽으로 절반속도, 50은 오른쪽으로 절반 속도.
- gaz(아래, 위): -100(아래)에서 100(위)사이의 속도. 예) -25은 아래쪽으로 1/4 속도, 25는 위쪽으로 1/4 속도.
- yaw(좌회전, 우회전): -100(좌)에서 100(우)사이의 속도.

앞에서 스위프트 플레이그라운드를 이용한 세 번째 코딩 에서 배웠던 turn( )에서는 각도를 입력하였었던것 기억하시죠? 하지만 move( ) 함수에서 쓰일 때에는 정해진 시간동안 최대속력으로 회전할 수 있는 것에 대해 몇 %의 속도로 회전할지를 지정하는 용도로 쓰입니다. 그렇기 때문에 실행해보기 전에는 정확하게 몇도를 회전할지는 쉽게 알 수가 없습니다.

두가지 움직임을 실행해보겠습니다. 실행하기 전에 꼭 충분히 안전한 공간을 어느정도 확보해 놓아야 합니다.

```
takeOff()
move(pitch: 100, roll: 100, gaz: 100, yaw: 100, duration: 1)
move(pitch: -50, roll: 100, gaz: -10, yaw: -50, duration: 2)
land()
```

휘어져 올라가고 내려오는 드론의 모습에 깜짝 놀라지 않으셨나요? 이륙을 제외하고 두줄 밖에 안 되는 코드이지만 움직임은 상당히 복잡했지요? 코드가 의미하는 바는 다음와 같습니다.

move(pitch: 100, roll: 100, gaz: 100, yaw: 100, duration: 1) → 1초동안 최대속도로 뒤쪽과 오른쪽으로 기울여서 상승하면서 우회전

```
move(pitch: -50, roll: 100, gaz: -10, yaw: -50, duration: 2)
```
→ 2초동안 절반속도로 앞쪽으로 기울이고 최대속도로 오른쪽으로 기울여서 10%의 속도로 하강 하면서 절반속도로 좌회전

다음 코딩에서는 조금 더 복잡한 도형을 그려보도록 하겠습니다.

6) 스위프트 플레이그라운드를 이용한 여섯 번째 코딩

한붓 그리기의 느낌으로 별을 그려보도록 합시다. 한붓 그리기 별은 사람마다 그리는 순서가 다르 겠지만 이 책에서는 아래에 적혀있는 숫자 순서로 별을 그려보도록 하겠습니다. 실습이 끝난 후에 나만의 순서와 방향대로 별을 그려보는것도 실력향상에 많은 도움이 됩니다.

앞에 텔로(TELLO) 챕터에서도 별을 그려봤습니다. 다만 여기에서 다른 점은 수직으로 서 있는 모양의 별을 그려볼 것입니다. 즉 위에서 봤을 때 별모양이 아니라 옆에서 봤을 때 별모양입니다.

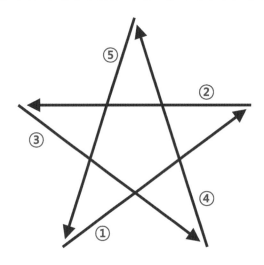

한방향으로 움직이는 기본움직임만을 사용해서는 별을 그리는 것은 불가능합니다. 위에서 배운 복 잡한 움직임을 활용해 대각선 움직임에서 사용합니다. 중간 중간의 이동을 더 확실히 보기 위해 각 각의 움직임 이후에는 1초씩 쉬도록 하였습니다.

코드는 아래와 같습니다.

```
move(pitch: 0, roll: 50, gaz: 50, yaw: 0, duration: 1) // 1-2 지점으로 이동
wait(1)
move(direction: MoveDirection.left, duration: 2) // 2-3 지점으로 이동
wait(1)
move(pitch: 0, roll: 50, gaz: -50, yaw: 0, duration: 1) // 3-4 지점으로 이동
wait(1)
move(pitch: 0, roll: -25, gaz: 50, yaw: 0, duration: 1)// 4-5 지점으로 이동
wait(1)
move(pitch: 0, roll: -25, gaz: -50, yaw: 0, duration: 1) // 5-6 지점으로 이동
wait(1)
```

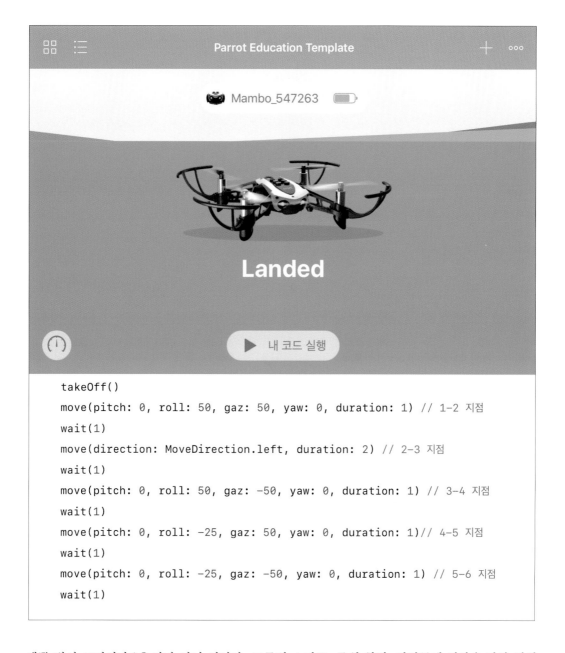

```
takeOff()
move(pitch: 0, roll: 50, gaz: 50, yaw: 0, duration: 1) // 1-2 지점
wait(1)
move(direction: MoveDirection.left, duration: 2) // 2-3 지점
wait(1)
move(pitch: 0, roll: 50, gaz: -50, yaw: 0, duration: 1) // 3-4 지점
wait(1)
move(pitch: 0, roll: -25, gaz: 50, yaw: 0, duration: 1)// 4-5 지점
wait(1)
move(pitch: 0, roll: -25, gaz: -50, yaw: 0, duration: 1) // 5-6 지점
wait(1)
```

예쁜 별이 그려졌나요? 아마 아닐 겁니다. 드론의 스피드, 주위 환경, 바람등에 영향을 받아 별의 모양이 정확하지 않을 수도 있습니다. roll, gaz, duration의 숫자들을 바꿔가며 마음에 드는 별 모양을 만들어 보도록 합시다.

7) 스위프트 플레이그라운드를 이용한 일곱 번째 코딩

일곱 번째 코딩은 동그라미를 그리는 것입니다. 아래의 코드는 매우 간단하지만 드론이 시계방향으로 회전하면서 왼쪽으로 움직일때 시계방향으로 원이 그려진다라는걸 생각해내는 것은 생각만큼은 간단하지는 않습니다.

코드는 아래와 같습니다.

```
takeOff()
move(pitch: 0, roll: -30, gaz: 0, yaw: 100, duration: 5)
land()
```

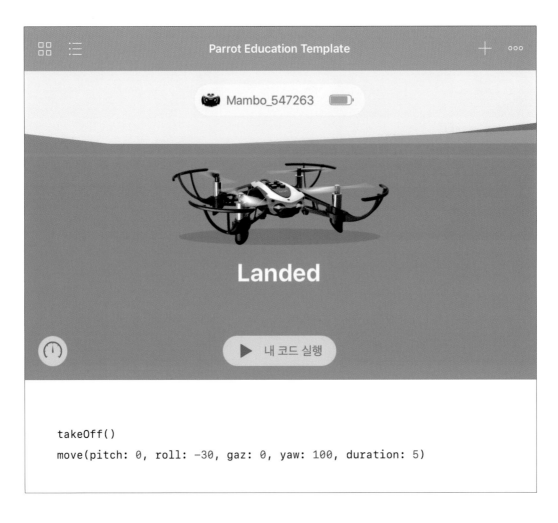

동그라미를 그리는 드론의 모습이 멋지지 않았나요? 여러분만의 멋진 도형을 한번 스스로 코딩해서 만들어보면 어떨까요?

8) 스위프트 플레이그라운드를 이용한 여덟 번째 코딩

간단한 사각형을 만들어 보겠습니다. 코드는 아래와 같습니다. 1초동안 앞으로 전진 후 90도 회전하는 움직임을 4번 반복하여 사각형을 그리는 코드입니다.

```
takeOff()
wait(1)
move(direction: MoveDirection.forward, duration: 1)
turn(direction: TurnDirection.right, angle: 90)
move(direction: MoveDirection.forward, duration: 1)
turn(direction: TurnDirection.right, angle: 90)
move(direction: MoveDirection.forward, duration: 1)
turn(direction: TurnDirection.right, angle: 90)
move(direction: MoveDirection.forward, duration: 1)
turn(direction: TurnDirection.right, angle: 90)
```

코드를 따라 작성하면서 너무 코드가 반복된다는 느낌이 들지는 않았나요? 다음 코딩에서는 반복문(loop)을 활용하여 코드의 반복작성을 없애고 훨씬 깔끔한 코드를 만들어보겠습니다.

9) 스위프트 플레이그라운드를 이용한 아홉 번째 코딩

이번에는 for 반복문(loop)을 사용해서 같은코드가 4번 반복되도록 실행해보도록 하겠습니다. 코드는 아래와 같습니다.

```
takeOff()
wait(1)
for i in 1...4 {
    move(direction: MoveDirection.forward, duration: 1)
    turn(direction: TurnDirection.right, angle: 90)
}
```

for i in 1...4는 i 값을 처음에는 1 다음에는 2, 3, 4 순으로 증가시키라는 뜻입니다. 1, 2, 3, 4 총 4번을 move와 turn 코드가 반복해서 실행되게 함으로써 여덟 번째 코딩과 똑같은 효과가 나게 되는것입니다. 만약 for i in 1...8이라고 써주면 어떻게 될까요? 사각형을 4개 그리기 위해서는 for를 어떻게 바꿔야 할까요? 한번 도전해 봅시다.

10) 스위프트 플레이그라운드를 이용한 열 번째 코딩

이번에는 아래의 그림과 같은 사각형 모양의 스파이럴(나선 혹은 소용돌이)을 만들어보겠습니다.

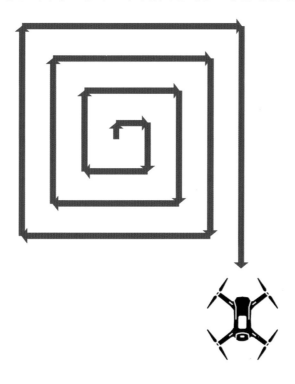

너무 복잡할 것 같지만 실제로 코드는 매우 간단합니다. 우리가 위의 for 반복문에서 i라는 변수를 선언해주었지만 실제로 사용하지는 않았습니다. duration의 값을 i값으로 대입하게 되면 코드가 한번 실행될때마다 duration 값은 1에서부터 계속 1씩 증가하게 됩니다. 즉 드론이 사각형의 변을 그리면서 이동하는 시간이 1초씩 증가하게 됩니다.

```
takeOff()
wait(1)
for i in 1...12 {
    move(direction: MoveDirection.forward, duration: i)
    turn(direction: TurnDirection.right, angle: 90)
}
```

어떤가요? i의 범위 값을 12를 더 큰 숫자로 바꾸면 더 큰 사각형 스파이럴이 만들어 집니다. 약간의 코드를 바꿨을 뿐인데 사각형의 각 변의 크기가 점점 커지니 놀랍지 않나요? 자유롭게 숫자들을 바꿔가며 드론의 움직임을 관찰해봅시다.

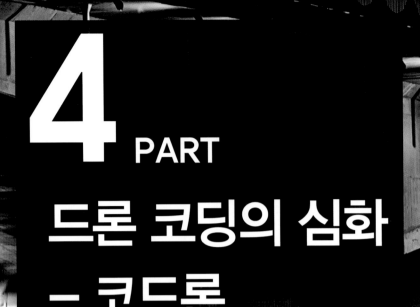

4 PART

드론 코딩의 심화
– 코드론

앞에서 우리는 DJI 의 텔로(TELLO)와 Parrot 의 맘보(Mambo)를 이용한 코딩을 살펴봤습니다. 이 드론들은 매우 훌륭한 토이 드론들이지만 외국 회사에서 만든 제품들입니다. 하지만 마지막으로 소개하는 이 토이드론은 매우 자랑스럽게도 국내 회사에서 만든 토이드론입니다. 바로 코드론(codrone) 입니다.
이름에서 바로 알 수 있듯이 코드론은 코드(code)와 드론(drone)의 합성어로, 아주 직관적으로 코딩을 할 수 있는 드론입니다.

{01} 국내의 대표적인 교육용 코딩 드론

Robot Edutainment Company
ROBOLINK

코드론을 만든 회사는 로보링크라는 회사입니다. 드론뿐만 아니라 교육용 로봇 및 교육 커리큘럼을 개발해 왔고 외국 기업들 못지않게 기술력을 인정받고 있는 회사입니다. 코드론은 BBC, CNBC 등 해외 언론들에도 많이 소개되었고 CNET에서 선정한 2016년에 CES에서 주목받은 로봇 Top 10에도 뽑힌 바 있습니다.

사실 가볍게 코딩할 수 있는 토이드론이라는 컨셉은 텔로나 맘보보다도 코드론이 더 먼저 도입했습니다.

[교육용 코딩 드론 코드론(CoDrone)]

코드론은 교육용 코딩 드론으로 PC, 스마트폰, 인벤터보드를 통해 조종 및 코딩 비행할 수 있으며 스크래치와 비슷한 인터페이스의 블록 기반 코딩 및 아두이노 등의 널리 쓰이는 코딩 방식을 지원하고, 시뮬레이터로 다양한 학습 경험을 제공합니다.

또한 조립식이기 때문에 드론의 각 부분을 조립해보는 재미도 맛볼 수 있습니다. 아두이노 기반의 드론이기 때문에 교육용으로 자주 쓰이는 아두이노를 조금 다뤄본 사람이라면 고급 기능도 손쉽게 수행할 수 있습니다. 매우 다양한 플랫폼을 제공한다는 것이 코드론의 장점 중 하나입니다.

코드론을 코딩 및 조종할 수 있는 방법은 크게 세 가지가 있습니다. '드론 시뮬레이터', '로킷브릭', '인벤터보드의 아두이노 코딩'입니다. 우리는 토이드론의 손쉬운 코딩을 알아보는 중이므로 이 책에서는 '로킷브릭'을 활용한 코딩에 대해서 다루도록 하겠습니다.

조금 더 고급 과정을 원하시는 분은 로보링크에서 직접 집필한 책인 '코딩 드론 제어 응용'을 참고하시기 바랍니다. 대학 교재 수준의 전문적인 내용까지 다루고 있습니다.

{02} 코드론의 코딩

코드론을 코딩하는 데에 필요한 준비물을 먼저 살펴봅시다.

준비물 – 로킷브릭, 인벤터보드, BLE보드

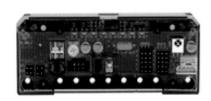

[구성품 – 왼쪽부터 스마트인벤터보드, BLE 보드, 코드론 기체]

2.1 로킷브릭

로킷브릭(Rokit Brick)은 로보링크에서 제공하는 코딩 프로그램입니다. 좀더 정확하게는 아두이노를 위한 스냅(Snap 4 Arduino)를 기반으로 개발된 소프트웨어이며 텔로에서 살펴봤던 스크래치(Scratch)처럼 블록 기반 코딩 프로그램입니다. 매우 쉽게 블록으로 코드론을 제어할 수 있습니다.

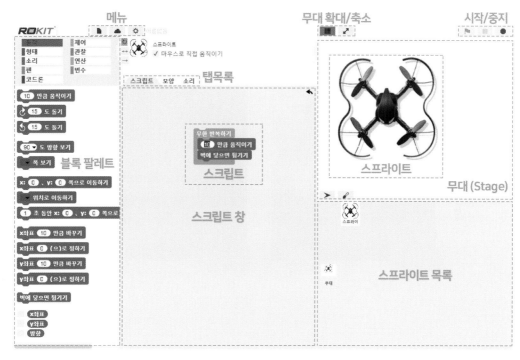

[로킷브릭 메인 화면 및 화면 구성]

이 로킷브릭을 통해 스마트인벤터보드 및 BLE(Bluetooth Low Energy)보드, 코드론을 실시간 제어할 수 있습니다.

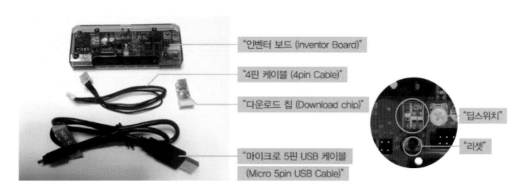

[스마트 인벤터 보드의 구성]

스마트 인벤터 보드는 아두이노, 스크래치 등을 가지고 호환되는 로봇과 드론을 코딩할 수 있는 스마트 기기입니다. 일체형으로 모터 드라이브와 적외선 센서 등 다양한 센서가 내장되어 추가 모듈 없이도 간편하게 동작이 가능한 게 특징입니다. 또한 다양한 외부 센서를 지원하여 확장된 코딩을 할 수 있습니다.

[BLE 보드의 다양한 모드]

BLE 보드는 코드론과 PC의 통신을 지원해주는 보드이며 블루투스 4.0을 기반으로 통신합니다. 인벤터보드로 코드론을 제어할 때에는 BLE 보드가 군이 필요하지 않지만 컴퓨터를 이용해 코딩하고 코드론을 제어할 때에는 BLE 보드를 컴퓨터에 설치해야 코드론을 제어할 수 있습니다.

자 그럼 구성품까지 모두 알아보았으니 본격적으로 코드론의 코딩을 시작해 봅시다!

1)로킷브릭 프로그램 실행

위에서 얘기한 것처럼 코드론을 손쉽게 코딩하기 위해서 로킷브릭을 컴퓨터에 설치해야 합니다. 여기에서는 윈도우 기반의 컴퓨터를 기준으로 설명하겠습니다.

먼저 로킷브릭 for 코드론을 다운로드하기 위하여 http://www.robolinksw.com 사이트에 방문합니다. 여기에서 아래의 '다운로드' 메뉴를 선택해 줍니다.

여러 제품중에 코드론을 선택하면 다음과 같은 페이지가 나옵니다. 이 중에서 본인의 컴퓨터의 OS 버전에 따라 선택하여 다운로드 합니다.

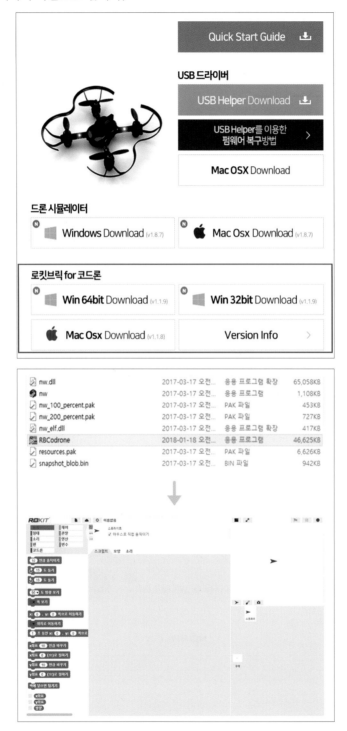

다운로드받은 파일의 압축을 해제한 후에 나타난 프로그램 폴더에서 'RBCodrone.exe' 실행파일을 더블클릭하여 실행시키면 로킷브릭이 실행됩니다. 참 쉽죠?

2) BLE 보드와 PC의 연결

코드론을 PC로 제어하기 위하여 BLE 보드와 PC를 연결해야 합니다. 동봉된 usb 케이블을 이용하여 아래 그림처럼 연결해 줍니다.

[PC 와 BLE 보드의 연결]

BLE 보드의 불빛이 순차적으로 켜질 때, PC와의 연결이 성공하였음을 알 수 있습니다.

3) usb 드라이버 설치

PC 에서 BLE 보드를 제대로 인식하기 위해 드라이버를 설치해야 합니다. 위에서 로킷브릭을 다운로드한 웹사이트 페이지에서 USB helper를 다운로드 합니다.

다운로드 받은 파일의 압축을 풀고 실행하면 다음과 같은 화면이 나타납니다.

BLE 보드는 이 중 첫 번째 CP210x driver 버튼을 클릭하면 드라이버 설치를 시작합니다.

드라이버 설치 화면에서 안내하는 대로 클릭하여 드라이버 설치를 정상적으로 완료하도록 합니다.

4) 코드론을 PC에 연결하기

BLE 보드 드라이버 설치 및 로킷브릭 설치가 완료되었다면 이제 로킷브릭 내에서 코드론을 PC 와 연결하도록 합시다. 로킷브릭 프로그램을 실행하고 왼쪽 하단의 코드론 블록을 클릭하면 다음 그림과 같이 두 가지 버튼으로 코드론을 연결할 수 있습니다.

'가장 가까운 드론과 연결'은 여러 개의 코드론이 있을 때 BLE 보드와 가장 가까이 있는 드론과 페어링 됩니다. 로킷브릭을 처음 실행하거나 코드론을 처음 구동하는 경우에 사용합니다. 혹은 코드론을 다른 것으로 교체했을 경우에도 사용합니다.

'연결했던 드론과 연결'은 이전에 페어링하여 사용했던 기록이 남아있는 코드론과 연결해줍니다. 여러 개의 코드론이 있을 때 이 버튼을 사용하여 연결하면 다른 사용자의 코드론과 혼동되어 페어링되는 일 없이 간편하게 드론을 사용할 수 있게 해줍니다.

자, 연결까지 정상적으로 완료되었다면 이제 코드론을 코딩할 모든 준비가 끝났습니다!

코드론의 세계로 들어가 봅시다.

5) 로킷브릭 화면구성

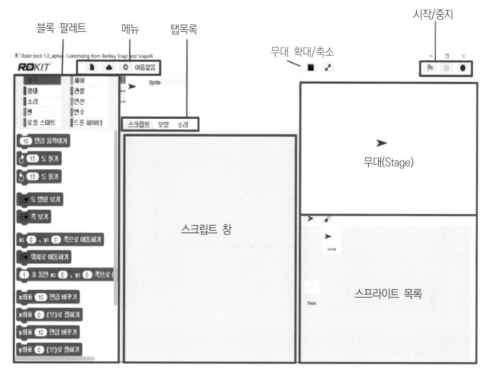

[로킷브릭의 화면구성]

먼저 로킷브릭의 화면이 각각 어떤 영역으로 구분되는지 알아보겠습니다. 기본적으로 스크래치와 매우 흡사하기 때문에 기존에 스크래치를 사용해본 사람이라면 아주 쉽게 적응할 수 있습니다. 각각의 화면 영역이 수행하는 역할은 아래와 같습니다.

- **블록 팔레트** : 여러 블록 중 필요한 블록들을 사용자가 쉽게 선택할 수 있게 카테고리 별로 정리하여 보여줍니다.
- **메뉴** : 프로젝트 열기 및 저장을 비롯하여 로킷브릭의 여러 옵션들을 조절할 수 있습니다.
- **스크립트 창** : 블록들을 결합하여 스크립트를 작성할 수 있는 부분입니다.
- **탭 목록** : 각각의 탭을 클릭하면 스프라이트에 연결된 스크립트/그림파일(모양)/음향 파일(소리)을 스크립트 창 위치에 보여줍니다.
- **무대(Stage)** : 스크립트를 작성한 후 클릭하여 실행하면 무대에서 실행 결과가 보여줍니다.
- **스프라이트 목록** : 현재 프로젝트에서 사용하고 있는 스프라이트들의 목록들을 보여줍니다.

2.2 프로젝트 만들기/열기/저장하기

처음 코딩을 시작할 때 먼저 프로젝트를 만들어야 합니다. 로킷브릭의 메뉴 영역에서 왼쪽 사각형 버튼을 클릭하면 팝업 메뉴가 나옵니다.

여기에서 '새로 만들기'를 클릭하면 프로젝트를 생성할 수 있습니다.

다른 메뉴들의 설명은 아래와 같습니다.

- **프로젝트 메모** : 현재 프로젝트에 대한 간단한 설명 등의 메모를 기재할 수 있습니다.
- **새로 만들기** : 프로젝트를 새로 시작합니다.
- **열기** : 기존에 저장했던 프로젝트 파일을 불러 옵니다.
- **저장하기** : 현재 작업 중인 프로젝트를 저장합니다.
- **다른 이름으로 저장하기** : 프로젝트를 다른 이름으로 저장할 수 있습니다.
- **가져오기** : 프로젝트 파일, 그림 파일, 음향 파일등 스프라이트와 연결되어 사용할 수 있는 파일들을 가져올 수 있습니다.
- **프로젝트 내보내기** : 현재 만들고 있는 프로젝트를 임의의 폴더에 저장할 수 있도록 합니다.
- **블록 내보내기** : 사용자가 직접 만든 블록을 저장할 수 있습니다. 이 블록을 다시 가져와서 사용하려면 '가져오기'메뉴를 사용하면 사용자가 만든 블록이 블록 팔레트에 추가 됩니다.
- **모양/소리** : 로킷브릭 내부에 예시로 저장되어 있는 그림파일이나 음향파일을 불러 올 수 있습니다. 만약 사용자가 예시 파일이 아닌 다른 임의의 폴더에 있는 파일을 사용하고자 할 때에는 '가져오기' 메뉴를 사용합니다.

2.3 로킷브릭의 블록 살펴보기

로킷브릭에는 매우 다양한 블록들이 준비되어 있습니다. '블록 팔레트' 영역의 상단에 보면 '동작', '제어', '형태', '관찰' 등 기능별로 블록이 구분되어 있습니다. 하나씩 클릭해 보면 쉽게 내용을 알 수 있습니다. 여기에서는 중요한 몇 가지 블록에 대해서 살펴보겠습니다.

1) 동작 블록

동작 블록은 스프라이트 영역에 있는 이미지를 움직이게 하는 블록입니다. 즉 실제 드론을 제어하는 것이 아니라 가상 이미지를 시뮬레이션할 때 이용됩니다. 또한 제어 블록과 함께 사용하여야 동작이 가능합니다.

[다양한 동작블록들]

2)제어 블록

제어 블록은 다른 분류의 블록들을 제어할 때 사용됩니다. 주로 어떤 동작을 시작하는 방법을 정하거나 흐름을 변경할 때에 사용됩니다. 반복문, 가정법 등이 필요할 때도 사용됩니다.

[다양한 제어 블록들]

3) 연산 블록

연산 블록은 사칙연산 등과 같은 함수를 만들거나 개별 값에 대해 크기를 비교하거나 할 때 사용됩니다. 연산 블록을 잘 사용하면 고급 기능들을 다룰 수 있습니다.

안녕 세상 ◀▶ 결합하기

안녕 세상 를 ∙ ▼ 기준으로 나누기

1 번째 글자 (안녕 에 대한)

세상 의 길이

a 의 유니코드

유니코드 65 에 대한 문자

5 이(가) 숫자 ▼ 인가?

■ 와(과) ■ 가 동일한가?

JavaScript function (■ ◀▶) { ■ }

[다양한 연산 블록들]

4) 코드론 블록

코드론을 직접 제어할 수 있는 명령어들이 들어있는 블록입니다. 코드론 탭에서 보드를 연결하면
코드론 블록들이 나타납니다.

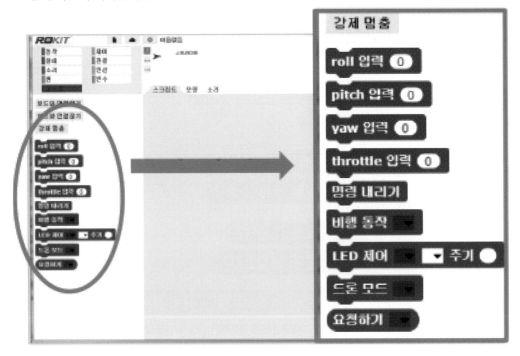

2.4 코드론의 기본동작 실행

코드론의 기본적인 동작들을 코드로 구현해보도록 하겠습니다.

드론의 비행은 크게 4가지로 구분됩니다.

1) 기체의 상승/하강 : 쓰로틀(throttle)

2) 기체의 좌/우 회전 : 요잉(yaw)

3) 기체의 전진/후진 : 피치(pitch)

4) 기체의 좌/우 이동 : 롤링(roll)

각각의 명령어가 적혀있는 블록을 선택해서 '스크립트 창' 영역으로 드래그 해주면 됩니다.

throttle : 상하 수직 이동

상승+

yaw : 좌회전, 우회전 이동

우회전+

pitch : 전진, 후진 이동

전진+

각 명령어에서 숫자를 입력하면 빠르기가 설정됩니다. 즉 throttle 블록에 숫자를 20 입력하는 것보다 40 입력하면 2배 더 빠르게 상승합니다. 숫자의 값은 -100 부터 100 사이의 크기를 입력할 수 있습니다. 즉 throttle에 -100 을 입력하면 상승이 아니라 하강을 하게 됩니다.

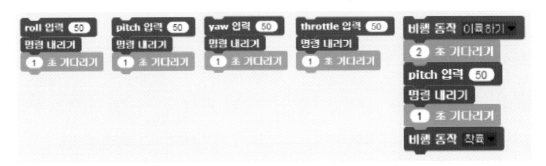

각 블록에 숫자를 넣은 후에는 '명령내리기' 블록을 붙여야 입력한 값대로 드론이 행동하게 됩니다. 다만 '명령 내리기' 후에 아무 블록도 붙이지 않으면 드론은 평생 그 행동을 계속하게 됩니다. 따라서 몇 초 동안 움직이게 할 것인지 지정해 주어야 합니다. 이것은 '기다리기' 블록을 통해서 구현할 수 있습니다.

'기다리기' 블록은 제어 블록에서 찾을 수 있습니다. 명령이 끝난 다음에는 마지막으로 '비행동작(착륙)' 블록을 붙여서 코드론이 안전하게 착륙할 수 있도록 합니다.

1) 코드론 코딩1. 전진 비행하여 목표 지점에 착륙하기

드론이 이륙하여 앞으로 2초간 전진한 다음 착륙하는 간단한 미션을 수행해 보겠습니다.

아래의 그림을 보면 이해가 쉬울 것입니다.

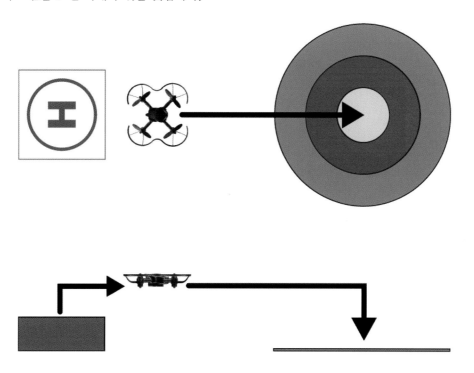

먼저 드론을 날릴 수 있는 공간을 확보합니다. 실내라고 하더라도 사람들이 많거나 장애물이 많은 공간은 위험할 수 있습니다. 또한 주변에 사람이 있다면 드론을 날릴 때 놀라지 않도록 먼저 얘기하고 날려야 합니다.

자, 그럼 프로젝트 버튼을 눌러서 '새로 만들기'를 클릭하여 새 프로젝트를 시작합니다.

해당 블록에 맞춰서 블록을 하나씩 위치해 줍니다.

가장 위의 블록부터 설명을 하면,

- 키보드의 '위쪽 화살'를 누르면 이륙하게 설정합니다.
- 50% 정도의 속도로 1초간 상승합니다.
- 상승이 끝난후에는 throttle 값을 0으로 초기화시켜 더 이상 상승하지 않게 합니다.
- 또한 전진하기 위해 pitch 값에 50을 넣습니다.
- 드론은 2초 동안 50%의 속도로 전진합니다.
- 그 후에는 전진을 멈추기 위해 pitch 값을 0으로 초기화시키고
- 하강하여 착륙하기 위해 throttle 값에 -60을 넣어줍니다.
- 착륙 후에는 드론이 멈추게 됩니다.

어떤가요. 아주 쉽죠?

여기서 한가지 팁을 알려드리면, 드론이 의도대로 움직이지 않거나 정상적으로 동작하지 않을 것을 대비해서 비상 착륙 기능을 만들어 두면 좋습니다. 보통은 가장 누르기 쉬운 스페이스 키를 누를 때 드론이 동작을 바로 멈추게 합니다. 아래의 그림을 참조하시기 바랍니다.

2) 코드론 코딩2. ㄱ자 모양으로 비행하여 목표 지점에 착륙하기

이번에는 전진 뿐만 아니라 좌우로도 움직여 봅시다. 아래 그림처럼 이륙한 후에 전진 및 우측 이동을 통해 ㄱ자 모양의 비행 후 착륙하는 미션입니다.

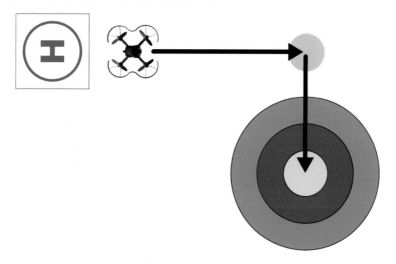

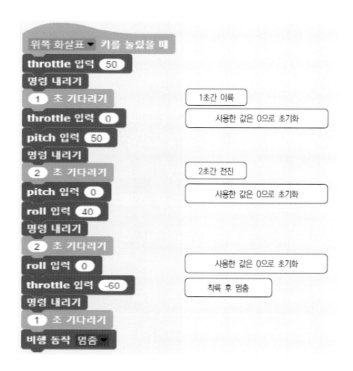

해당 블록에 맞춰서 블록을 하나씩 위치해 줍니다. 앞에서 했던 블록 배열과 거의 같지만 중간에 우측 이동을 위한 roll 명령 블록이 추가되어 있습니다.

가장 위의 블록부터 설명을 하면,

- 키보드의 '위쪽 화살표'를 누르면 이륙하게 설정합니다.
- 50% 정도의 속도로 1초간 상승합니다.
- 상승이 끝난후에는 throttle 값을 0으로 초기화시켜 더 이상 상승하지 않게 합니다.
- 또한 전진하기 위해 pitch 값에 50을 넣습니다.
- 드론은 2초 동안 50%의 속도로 전진합니다.
- 그 후에는 전진을 멈추기 위해 pitch 값을 0으로 초기화시키고
- 동시에 우측 진행을 위해 roll 값에 40을 넣습니다.
- 드론은 다시 2초 동안 우측 이동을 합니다.
- 마지막으로 roll 값을 0으로 초기화하고
- 하강하여 착륙하기 위해 throttle 값에 -60을 넣어줍니다.

착륙 후에는 드론이 멈추게 됩니다.

앞의 예제에서도 보았지만 하나의 드론 동작이 끝난 후에는 수치를 0으로 초기화해 주어야 합니다. 그렇지 않으면 전 동작에 사용했던 자세값이 현재 제어하는 자세값과 합쳐져서 의도한대로 움직이지 않는 결과를 낳을 수도 있습니다.

예를 들어 이륙 후 전진할 때 throttle 값을 0으로 초기화하지 않고 그대로 둔다면 pitch 값과 함께 적용되어 전진하면서 점점 위로 올라가게 될 것입니다.

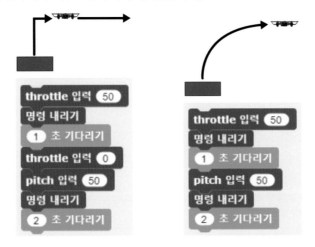

[throttle 을 0으로 초기화 했을 때]   [throttle 을 초기화하지 않았을 때]

이 부분만 유의한다면 조금 복잡해 보일 수 있어도 블록을 하나씩 배치하다보면 복잡한 드론의 움직임도 모두 표현할 수 있습니다. 비슷한 원리로 좌/우회전의 yaw 명령어도 넣어서 한번 시도해 보시기 바랍니다.

3) 코드론 코딩3. 컴퓨터의 키보드로 드론 조종하기

코드론은 앞에서 살펴본 텔로나 맘보보다 더욱 많은 기능들을 구현할 수 있습니다. 왜냐하면 자유도가 매우 높기 때문입니다. 드론이 수행하는 거의 대부분의 기능들을 블록으로 구현해 놓았고 동작방식이 매우 세분화되어 있기 때문에 처음 접할 때는 다소 복잡해 보일 수 있어도 익숙해진 후에는 다양하고 복잡한 움직임을 구현하기에 유리합니다.

복잡한 고급 예제들로는

- 키보드 입력으로 미세 trim 값 조절
- 적외선 고도 센서의 값을 읽어서 드론의 현재 높이를 그래프로 나타내기
- 마우스의 움직임으로 드론의 비행 제어하기
- 소리의 크기로 드론의 고도 제어하기

등이 있습니다.

다만 이 책에서는 초보자를 위한 드론 코딩을 목표로 하고 있기 때문에 이러한 복잡한 예제들을 모두 소화하는 것은 다소 알맞지 않습니다. 여기에서 살펴볼 키보드로 드론 조종하기도 입문 과정을 많이 벗어난 난이도이기 때문에 블록 배치도만 넣어두도록 하겠습니다. 관심이 있는 분들은 한번 도전해 보시기 바랍니다.

만약 ⟨ 왼쪽 화살표 ▼ 키를 눌렀는가? ⟩ 라면

변수 roll ▼ 을(를) ⟨ ● - inc ⟩ 만큼 바꾸기

만약 ⟨ roll < -100 ⟩ 라면

변수 roll ▼ 에 -100 저장하기

roll 입력 roll

명령 내리기

만약 ⟨ 오른쪽 화살표 ▼ 키를 눌렀는가? ⟩ 라면

변수 roll ▼ 을(를) inc 만큼 바꾸기

만약 ⟨ roll > 100 ⟩ 라면

변수 roll ▼ 에 100 저장하기

roll 입력 roll

명령 내리기

만약 ⟨ w ▼ 키를 눌렀는가? ⟩ 라면

변수 throttle ▼ 을(를) inc 만큼 바꾸기

만약 ⟨ throttle > 100 ⟩ 라면

변수 throttle ▼ 에 100 저장하기

throttle 입력 throttle

명령 내리기

만약 ⟨ s ▼ 키를 눌렀는가? ⟩ 라면

변수 throttle ▼ 을(를) ⟨ ● - inc ⟩ 만큼 바꾸기

만약 ⟨ throttle < -100 ⟩ 라면

변수 throttle ▼ 에 -100 저장하기

throttle 입력 throttle

명령 내리기

```
만약 ( a ▼ 키를 눌렀는가? ) 라면
    변수 yaw ▼ 을(를) (inc) 만큼 바꾸기
    만약 ( yaw > 100 ) 라면
        변수 yaw ▼ 에 100 저장하기
    yaw 입력 yaw
    명령 내리기
만약 ( d ▼ 키를 눌렀는가? ) 라면
    변수 yaw ▼ 을(를) ( ● - inc ) 만큼 바꾸기
    만약 ( yaw < -100 ) 라면
        변수 yaw ▼ 에 -100 저장하기
    yaw 입력 yaw
    명령 내리기
만약 ( r ▼ 키를 눌렀는가? ) 라면
    비행 동작 착륙 ▼
만약 ( 스페이스 ▼ 키를 눌렀는가? ) 라면
    비행 동작 멈춤 ▼
아니면
    변수 pitch ▼ 에 0 저장하기
    변수 roll ▼ 에 0 저장하기
    변수 yaw ▼ 에 0 저장하기
    변수 throttle ▼ 에 0 저장하기
    roll 입력 roll
    pitch 입력 pitch
    yaw 입력 yaw
    throttle 입력 throttle
    명령 내리기
```

5 PART

드론의 이해 2 : 더 알아보기

여기에서는 드론에 대해 조금 더 알아보도록 하겠습니다. 이 책을 쓰면서 가장 신경썼던 부분 중에 하나는 드론에 흥미를 가지고 책을 보고 있는 독자의 재미를 최우선 순위로 고려한 점입니다. 때문에 일반적인 책의 구성처럼 첫시작 부분에 '드론의 기원', '드론의 유래' 등 이론적이고 자칫 지루할 수 있는 내용을 넣기보다는, 드론을 날릴 생각에 두근거리는 마음을 붙잡고 있을 독자를 위해 최대한 바로 본론으로 넘어 갔습니다. 드론에 대해 추가적인 학습을 원하는 독자는 이 파트를 참고하시기 바랍니다.

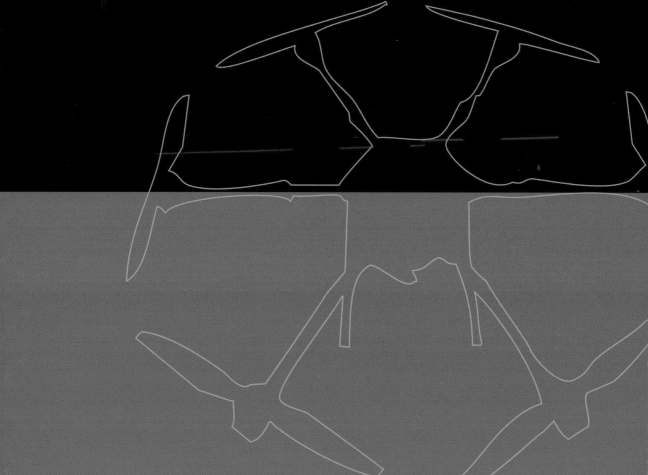

{01} 드론의 기원과 유래

먼저 드론의 기원과 유래 등에 대해서 알아보도록 하겠습니다. 요즘이야 예능에서도 많이 보이고 김건모 같은 유명인이 드론 자격증을 따기도 할 정도로 일반인에게도 드론이 친숙한 단어가 되었지만, 이 단어가 이렇게 일반화된 시기가 그리 오래되지는 않았습니다.

2012년 공군에 복무할 무렵 우연히 TED 의 한 영상을 통해서 드론이라는 존재를 알게 된 것이 필자가 처음 드론과 조우한 순간이었습니다. 이후 드론에 (소위 말하는)꽂혀서 주변 지인들에게 '나는 나중에 드론 관련 일을 할 거야'라고 말하고 다니곤 했습니다. 그럴 때마다 필자가 접하는 반응은 '드론이 뭐야?', '스타크래프트에 나오는 드론?' 정도였습니다. 이 정도로 당시 국내에서는 드론에 대한 인식이 널리 퍼지지 않았고, 특히 일반인들은 드론이라는 단어 자체를 들어보지 못한 경우가 많았습니다.

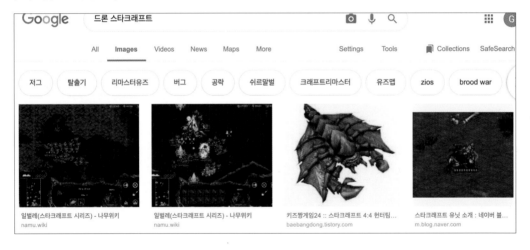

필자의 기억으로는 드론이 국내에서 유명해지기 시작한 것은 지금부터 대략 3~4년 전부터였습니다. 드론레이싱과 같은 신기한 대회가 국내에 소개되기 시작했고, 특히 당시 국내의 한 초등학생이었던 김민찬 군이 드론레이싱 세계대회에서 우승을 하면서 각종 매스컴에서 보도가 잇따랐습니다. 당시 정부에서도 4차산업혁명과 관련한 기술에 강력한 드라이브를 걸면서 드론을 4차산업혁명의 중요한 한 분야로 지정했고 이러한 다양한 노력들이 뭉치면서 국내에서 드론 붐이 일어나기 시작했습니다.

드론이라는 단어가 새롭게 쓰이면서 유행을 탔기 때문에 많은 사람들이 드론이 생긴 지 얼마되지 않은 신생 분야라고 생각하는 경향이 있지만 드론은 꽤 오랜 역사를 지니고 있습니다. 무인항공기(Unmanned Aerial Vehicle), 즉 UAV 라고 하면 들어본 사람이 많이 있을 것입니다. 드론(drone)은 사실 이 무인항공기를 지칭하는 별명같은 단어입니다.

무인항공기(UAV)는 이미 7~80년대부터 군사용으로는 매우 활발하게 사용되어 왔습니다. 심지어 1910년대의 1차대전 때부터 무인항공기를 군사용으로 활용하려는 시도는 존재했습니다. 최초의 무인항공기가 무엇인지는 여러 의견이 존재하지만 대체적으로 1849년 오스트리아에서 있었던, 열기구에 폭탄을 달아서 떨어트리는 시도를 최초의 무인항공기로 보고 있습니다.[1] 오스트리아 군대에서 베니스와의 전투에서 실제로 활용하였다고 하는데 바람의 영향으로 실제 효과는 보지 못했다고 합니다.

---

1   위키백과 참고

[미국 남북전쟁에서 사용된 열기구]

무인항공기 UAV 를 드론으로 부르는 기원에 대해서도 분분합니다. 드론(drone)의 사전적 의미는 '수벌 혹은 낮게 웅웅거리는 소리'로 나옵니다.[2] 이 때문에 인터넷에서 드론의 기원을 찾아보면 쿼드콥터에서 나는 웅웅거리는 소리가 수벌 소리와 비슷해서 드론이라는 이름이 붙었다는 의견이 있습니다. 또 다른 한편에서는 **'영국에서 1935년에 사람이 타는 훈련용 복엽기인 '타이거 모스(Tiger moth)'를 원격조종 무인 비행기로 개조하면서 여왕벌(Queen Bee)이라는 별명을 붙였는데, 당시 여왕이 다스리는 나라에서 여왕을 의미하는 이름을 붙일 수 없다라는 반박이 나와 수벌을 뜻하는 드론이란 단어를 쓰게 되었다는 설'[3]**도 있습니다.

무엇이 되었든 드론이라는 단어가 쓰이게 된 계기는 불분명하지만 현재 드론은 무인비행체를 통칭하며, 좀더 넓게는 비행체 뿐만 아니라 자동차나 배, 잠수함의 형태도 무인으로 활동하면 드론으로 부르는 경향이 있습니다.

---

2   네이버 사전 참고
3   나무위키 드론 항목 참조

{02} 드론의 발전 및 종류

말이 나온 김에 드론 시장이 얼마나 빠르게 성장하고 있는지와 드론의 종류도 한번 알아봅시다.

드론 시장은 이미 전세계적으로 수조원 규모의 시장을 형성하고 있고 매우 빠르게 성장하는 시장 중이 하나입니다. 한국항공우주연구원(KARI)에서 발간한 '세계 상용드론 시장 현황 및 전망'에 따르면 세계 드론 시장은 2015년 86.8억 달러였고 2020년에는 약 143.9억 달러 수준까지 성장할 것으로 예상됩니다.

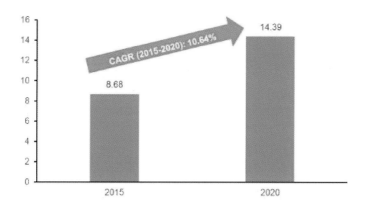

이는 연평균 성장률 약 11% 수준으로 매우 빠르게 성장하는 것을 의미합니다. 지금은 전체 드론 시장에서 군사용 드론이 차지하는 비중이 매우 크지만 민간용(상업용) 드론 시장도 매우 빠르게 성장하고 있기 때문에 곧 다양한 분야에서 드론이 활약하는 모습을 보게 될 가능성이 높습니다.

2.1 군사용 드론의 발전

위에서 적은대로 최초의 무인항공기는 1800년대에 이미 존재했던 것으로 알려져 있습니다. 1차 세계대전 때에는 훈련용 무인 표적기로 개발하려는 시도가 있었고 미국 및 프랑스에서 원격으로 조종하는 항공기를 개발하려고 노력했습니다. 결국 프랑스에서는 실제로 Voisin BN3 라고 하는 복엽기를 무선 조종하는 데에 성공했고 이 무인항공기는 약 100km 를 비행할 수 있었다고 합니다.

[Voisin BN3]

군사용 드론은 보통 무게와 비행거리 및 비행고도를 기준으로 분류합니다. 여기에서는 NATO 의 분류 기준으로 알아보도록 하겠습니다.

[다양한 군사용 드론들]

1) 클래스 1 : 중량 150kg 미만

군용 무인기 중 가장 작은 크기의 카테고리입니다. 150kg 미만의 무인기를 통칭하며 이 안에서도 Small(15kg 이상), Mini(15kg 미만), Micro(에너지 총량 66J 미만) 으로 세부 분류합니다. 군사용 드론이라고 생각되지 않을만큼 귀엽고 깜찍한 외모를 자랑하는 '블랙 호넷' 도 이 카테고리에 들어갑니다.

시리즈3까지 개발된 블랙 호넷은 무게 32g이며 성인 손가락 크기로 매우 작지만, 세계에서 가장 작은 정찰용 드론이고 성능이 매우 우수합니다. 시속 21km 이상의 속도로 2km까지 비행할 수 있고 매우 선명하고 정확한 이미지를 전송하기 때문에 전장에서 작전을 성공적으로 수행하는 데에 큰 영향을 미칩니다. 가격도 성능만큼 높아서 대당 수천만원을 상회합니다. 웬만한 자동차보다 가격이 높습니다.

[군사용 드론 레이븐(RQ-11)]

[세계에서 가장 작은 정찰용 드론 '블랙 호넷']

2) 클래스 2 : 중량 150-600kg

이 카테고리는 전술(tactical) 무인기로 불리기도 합니다. 고도 18,000피트(약 5.5km) 이내, 작전 반경 200km 이하에서 활동합니다. 사실 이 정도 무게만 되도 중형차보다 큰 크기를 자랑합니다.

국산 최초의 무인정찰기인 '송골매'도 클래스2 무인기 입니다. 송골매는 이스라엘의 RQ-2 무인기를 기반으로 한국의 ADD와 KARI 에서 국산화 개발을 완료했고 현재 육군에서 실전 운용하고 있습니다. 제원은 중량 215kg, 순항속도 150km/h, 운용고도 4.5km, 운용반경 200km, 길이 4.6m, 날개폭 6.4m 입니다.

[국산 무인 정찰기 '송골매']

3) 클래스 3 : 중량 600kg 이상

전략(strategic) 무인기 클래스 입니다. MALE(Medium Altitude Long Endurance)과 HALE(High Altitude Long Endurance) 카테고리를 포함합니다.

MALE 은 중고도 무인항공기로 45,000 피트(약 14km) 고도 이하에서 비행할 수 있습니다. 대류권내에서 활동합니다. MALE 카테고리에서 가장 유명한 드론은 프레데터(Predator) 입니다. 이륙 중량이 1톤에 달하고 레이더 및 광학 카메라를 장착하여 광범위한 감시 및 정찰, 추적 기능을 보유하고 있습니다. 가격은 대당 약 50억 원입니다.

[MALE 프레데터]

[프레데터를 개량한 무인공격기 MQ-9 리퍼(Reaper)]

HALE 은 고고도 무인항공기로 45,000피트 이상의 고도에서 운항하며 성층권에서 활동합니다. 가장 잘 알려진 드론은 글로벌 호크(Global Hawk)가 있습니다.

[비행하는 RQ-4 글로벌 호크]

[MQ-4C 글로벌 호크의 파생형]

중량이 약 10톤이 넘는 글로벌 호크는 약 19km 높이에서 작전을 수행하는 전략 무인 정찰기로 기존의 고고도 유인 정찰기 U-2 를 대체하기 위해 개발됐습니다. 계속해서 개량을 해서 최신형 글로벌 호크는 대당 가격이 약 8,000억 원에 달합니다. 우리나라도 2019년에 4대가 도입될 예정입니다.

이처럼 군사용 드론은 매우 다양한 분야에서 고성능 시장을 형성하고 있습니다. 최근에는 드론에도 스텔스 성능을 도입한 X-47B라는 드론이 개발되었고, 이 드론은 항공모함에 이착함을 성공적으로 완료했으며 공중급유에도 무인으로 성공했습니다. 기술의 발전이 매우 놀랍지만 또 한편으로는 이러한 고성능 드론이 사람을 살상하는 무기로 사용되는 것이 매우 우려스럽기도 합니다. 기술의 발전과 함께 평화를 정착시키기 위한 노력도 계속되기를 희망합니다.

[공중급유하는 X-47B]

2.2 상업용 드론의 현황

상업용 드론은 군사용이 아닌 민간용 드론을 통칭합니다. 원래 드론 시장은 군사용이 90% 이상을 차지할 정도로 편중되어 있었지만, 최근 몇 년 사이에 드론 기술의 발전과 함께 상업용으로도 매우 다양한 분야에서 드론이 활용되고 있습니다.

분야별로 조금 살펴볼까요?

1) 방송 및 영화 촬영 분야

민간용 드론 중에서 의미있는 규모로 시장이 성장한 첫 번째 분야일 것입니다. 드론에 카메라를 부착해 기존의 장비로는 찍기 힘든 앵글 및 화면을 촬영하는 것으로 특히 DJI라는 중국의 회사가 독보적인 글로벌 드론 기업으로 성장하게 된 분야이기도 합니다. 10여년 전만 해도 수천만원을 호가하는 헬리캠 등 전문가용 장비로만 찍을 수 있었던 화면을 지금은 백여만원의 취미용 촬영 드론으로도 충분히 찍을 수 있을만큼 기술이 발전했습니다. 이 시장은 DJI에서 80% 이상을 점유하고 있을만큼 독보적이고 앞으로도 경쟁자가 나타나기는 힘들어 보입니다.

[DJI 의 전문 촬영용 드론 인스파이어2]

[최근 출시된 DJI 의 최신형 휴대용 드론 '매빅2 프로']

2) 농업 분야

농업 분야도 드론의 진출이 활발한 분야입니다. 기존에 항공기를 통한 농약 살포에 비해 소규모, 저비용으로 무인기를 통해 방재가 가능하고, 사람이 직접 농약을 치는 것보다 대략 60배 이상의 효율을 자랑합니다. 관련 기술은 단순히 농약 살포 뿐만 아니라 열화상 카메라 등을 장착하여 농작물의 상태를 분석하고 스마트 농업을 가능하게 하는 솔루션을 제공하는 데에 이르고 있습니다. 비슷한 원리를 이용하여 산림 감시 및 모니터링 등 다양하게 활용되고 있습니다.

[프랑스의 드론 회사 Parrot 의 농업용 드론 블루그래스(bluegrass)]

3) 건설 및 측량 분야

건설 분야에도 드론이 적용되고 있는 추세입니다. 드론을 이용하면 건축물이 제대로 시공되고 있는지 저렴한 비용으로 적시에 모니터링이 가능합니다. 건축 설계 기술로 3D BIM(Building Information Modeling) 즉 '건설 정보 모델링'이 있는데 드론을 통해 수집한 정보를 여기에 적용할 수도 있습니다. 기존의 단순한 2차원 사진이 아니라 드론으로 다양한 각도와 장소에서 찍은 정보를 통해 3차원 정보를 건축물 설계에 반영하는 것입니다. 또한 설계 뿐만 아니라 건축 작업 과정에서도 설계와 동일하게 지어지고 있는지 매우 저렴하게 확인이 가능합니다.

최근에는 소프트웨어의 발달로 드론으로 찍은 이미지를 자동으로 3D 정보로 바꿔주기도 합니다. Pix4D 라는 프로그램이 대표적입니다.

우리나라에서도 서울대 출신의 학생들이 모여서 드론을 통한 지도 데이터를 서비스하는 '엔젤스윙'이라는 스타트업을 창업했습니다.

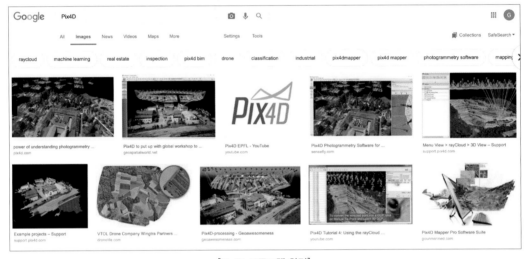

[Pix4D 프로그램 화면]

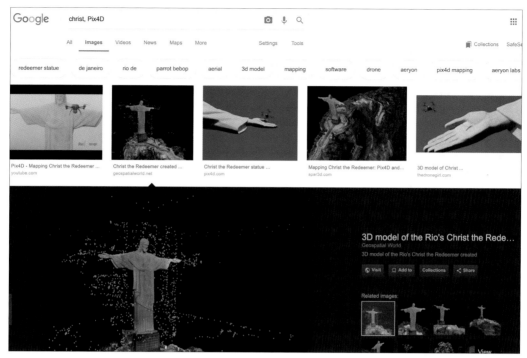

[Pix4D를 이용해서 드론이 만들어낸 브라질 리우의 예수상 이미지]

4) 택배 및 운송

택배 분야는 그 가능성이 매우 기대되는 분야 중에 하나입니다. 미국의 전자상거래 업체 '아마존'은 2016년에 실제로 드론을 통해 2.3kg의 상품을 배송하는 데 성공했습니다. 우리나라에서도 2017년 국내 최초로 우체국의 우편물 배송에 성공했습니다. 택배 및 운송 분야는 아직은 배터리 기술의 한계 등으로 상용화되지 않았지만 기술의 발전과 함께 조만간 상용화될 것으로 기대되며, 이 경우 사회 경제적 파급효과가 매우 클 것으로 예상되는 분야 중 하나입니다.

[아마존의 드론 택배 시스템 '프라임 에어']

2.3 기타 새로운 문화로서의 드론 기술

드론은 기술에만 연관되지 않습니다. 물론 드론을 뒷받침하는 것은 발전하고 있는 신기술이지만 드론의 적용은 사람들의 상상력을 늘리고 창의적인 문화를 형성하는 것에도 기여하고 있습니다. 대표적인 것이 드론 레이싱이라는 새로운 스포츠의 탄생입니다. 드론에 탑재된 카메라를 통해 전송되는 영상을 고글을 착용하고 보면서 마치 자신이 직접 드론에 타고 있는 것처럼 느낄 수 있습니다. 시속 150km 를 넘는 드론을 조종하여 장애물을 통과하고 기록을 겨루는 이 스포츠는 서구권에서는 이미 리그를 형성하여 ESPN 에서는 정식 방송을 시작할 정도입니다.

[드론 레이싱 대회 트랙]

[드론 레이싱 대회 참가자들]

또한 한편에서는 드론을 이용해 밤하늘에서 화려한 쇼를 선보이기도 합니다. 이 분야에서는 인텔이 독보적인데 2018 평창 동계올림픽 개막식에서도 선보였습니다. 수천대의 드론이 군집 비행을 통해 멋진 장면을 사람들에게 선사했습니다. 보기에는 어렵지 않아보여도 기술적으로 매우 어려운 난제들을 해결하면서 퍼포먼스의 규모와 수준이 매우 발전하고 있습니다. 중국에서도 이 분야에서 최근 기네스 기록을 세우는 등 맹렬하게 뒤쫓고 있습니다.

아마도 조만간 근미래에는 드론으로 불꽃놀이를 하는 모습을 볼 수도 있을 것 같습니다.

[드론을 활용해 밤하늘에 화려한 쇼를 선보이는 모습]

{03} 드론 조종법

여기에서는 드론 조종법에 대해 알아보겠습니다. 이 책에서는 코딩을 통한 드론 조종법을 메인으로 알아봤지만 역시 드론하면 직접 조종기로 조종하는 짜릿한 맛을 빼놓을 수 없습니다. 특히 드론 레이싱이라는 새로운 형태의 스포츠에서는 실시간으로 화면을 보여주는 고글을 착용하고 드론을 조종하여 마치 본인이 드론에 탑승하고 있는 것과 같은 박진감을 제공하고 있습니다.

아래에 몇 가지 유튜브 영상을 첨부하니 간접적으로나마 레이싱 드론의 짜릿함을 한번 느껴보시기 바랍니다.

https://youtu.be/HonTgEm6PhM

https://youtu.be/SldJIisWFmE

여러분도 연습을 통해 이런 드론 조종을 배울 수 있습니다. 다만 여기에서는 드론 조종법이 메인은 아니기 때문에 기본적인 조종법까지만 알아보도록 하겠습니다. 앞에서 살펴봤던 텔로, 맘보, 코드론에도 조종기가 제공되거나 혹은 스마트폰을 통해 조종 모드를 지원하기 때문에 기본적인 조작에 무리가 없을 것입니다.

3.1 기본적인 조종기 버튼 배치

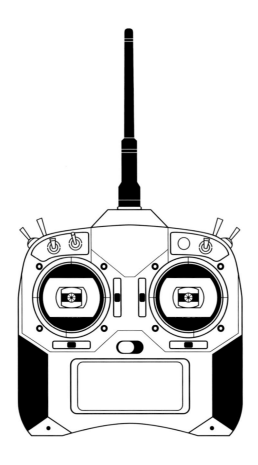

드론 또한 다른 RC 비행기나 헬기와 거의 같은 형태의 조종기를 가지고 있습니다. RC 자동차와 다른 점은 자동차 같은 경우 2차원 평면상에서 움직이기 때문에 조작 버튼이 많이 필요하지 않지만 드론, 비행기, 헬기는 3차원 공간에서 움직이기 때문에 자동차보다 훨씬 많은 조작 버튼을 필요로 한다는 것입니다.

3.2 모드1 과 모드2

드론 조종기에서 가장 먼저 알아둬야 할 부분은 mode 1과 mode 2가 있다는 점입니다. 모드1과 모드2의 차이점은 아래의 그림을 보면 한 번에 알 수 있습니다. 즉 드론의 고도를 조절하는 스로틀이 오른쪽에 있느냐 왼쪽에 있느냐의 차이입니다. 모드1의 경우는 스로틀이 오른쪽에 위치해 있고, 모드2의 경우는 왼쪽에 위치해 있습니다.

예전에는 모드1 조종기도 많이 사용했지만 현재는 대부분의 드론이 모드2 방식을 사용합니다. 따라서 아래의 조종법은 모두 모드2를 기준으로 설명하도록 하겠습니다. 본인이 구매한 드론의 조종기가 모드1이라고 하더라도, 최근 출시되는 대부분의 드론은 간단한 버튼 조작으로 모드2로 바꿀 수 있는 기능을 탑재하고 있으니 사용설명서를 확인해 보시기 바랍니다.

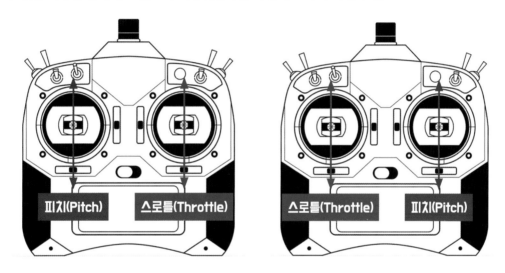

[좌측은 모드1 조종기, 우측은 모드2 조종기]

3.3 모드2 조종기 버튼 배치

모드2 조종기에서는 아래 그림과 같이 레버가 배치됩니다. 각각의 기능들에 대해 살펴보겠습니다.

- **스로틀(throttle)** : 드론의 고도를 담당합니다. 위로 올릴 경우 드론의 고도가 상승하고 아래로 내릴 경우 하강합니다.
- **피치(pitch)** : 드론의 전후 움직임을 담당합니다. 위로 올릴 경우 앞으로 이동, 아래로 내릴 경우 뒤로 이동합니다.
- **롤(roll)** : 드론의 좌우 움직임을 담당합니다. 레버를 왼쪽으로 밀 경우 좌로 이동, 오른쪽으로 밀 경우 우로 이동합니다.
- **요우(yaw)** : 드론의 좌우 회전을 담당합니다. 레버를 왼쪽으로 밀 경우 드론의 머리 부분이 반시계방향으로 회전, 오른쪽으로 밀 경우 시계방향으로 회전합니다.

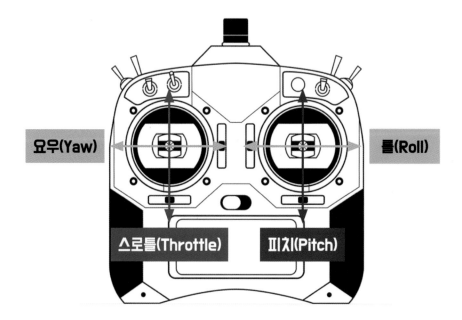

이 외에도 공중 제비돌기를 하는 플립(flip) 및 미세한 드론 흐름을 제어하는 트림(trim)과 같은 버튼들이 있습니다. 이것은 드론 기체의 종류에 따라 다르므로 사용설명서를 확인하시기 바랍니다.

3.4 비상착륙 버튼

연습하는 단계에서 가장 중요한 것은 비상착륙 스위치를 숙지하는 것입니다. 드론을 날릴 때 많은 분들이 드론이 어딘가에 부딪치는 것을 두려워합니다. 하지만 드론이 부딪쳐서 망가지는 것보다 더 최악의 상황은 드론이 사람에 부딪쳐서 인명 사고가 나거나 조종자의 시야에 보이지 않는 곳으로 날아가 버리는 것입니다. 이럴 때는 차라리 과감하게 드론의 모터를 강제 정지 시켜서 드론을 떨어 트리는 것이 낫습니다. 드론이 다소 망가지더라도 추가적인 피해를 예방할 수 있습니다. 그러니 항상 드론의 비상착륙 버튼을 파악해두도록 합니다. 일반적으로는 대부분 아래의 그림처럼 양쪽 레버를 동시에 하단 바깥쪽으로 밀거나 하단 안쪽으로 당기고 있으면(약 3초간) 강제 종료됩니다. 이 비상 착륙 버튼은 드론 및 제조사마다 다르기 때문에 사용설명서를 참고하도록 합시다.

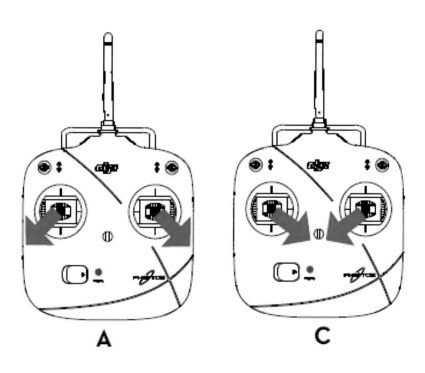

3.5 드론의 기본적인 비행 종류

앞에서 조종기 레버를 설명하면서 용어를 조금 설명하긴 했지만 레버의 작동에 따라서 드론이 어떻게 움직이는지 조금 더 자세히 살펴봅시다. 드론의 기본적인 비행에 대한 부분입니다.

1) 호버링(hovering)

호버링은 제자리에서 머무는 동작입니다. 고가의 드론들은 대부분 센서가 내장되어 있어서 조종기를 조작하지 않을 경우 한자리에 자동으로 머물러 있습니다. 하지만 저가의 토이드론들은 보통 아무런 조작을 하지 않을 경우 드론이 어느 한방향으로 흐르는 경향이 있습니다. 이를 막기 위해서, 즉 호버링을 하기 위해서는 계속해서 수동으로 드론을 조작해 줘야 합니다. 다행히 우리가 이 책에서 다뤘던 텔로, 맘보, 코드론은 센서가 내장되어 있어서 자동으로 호버링하는 기능이 있습니다.

2) 스로틀(throttle)

스로틀은 드론의 고도를 조정합니다. 스로틀을 위로 올리면(throttle up) 드론이 상승하고, 반대로 밑으로 내리면(throttle down) 드론이 하강합니다. 스로틀에는 탄성이 있어서 레버에서 손을 떼면 정중앙을 유지하고 이 경우 드론은 고도 변화없이 제자리에 있게 됩니다.

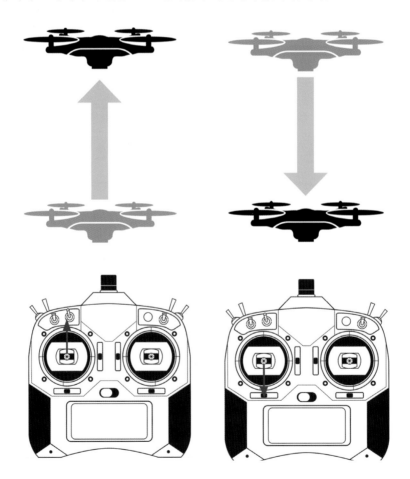

3) 피치(pitch)

피치는 드론의 전진 후진을 조정합니다. 피치 레버를 앞으로 밀면 드론이 전진, 레버를 뒤로 밀면 후진입니다.

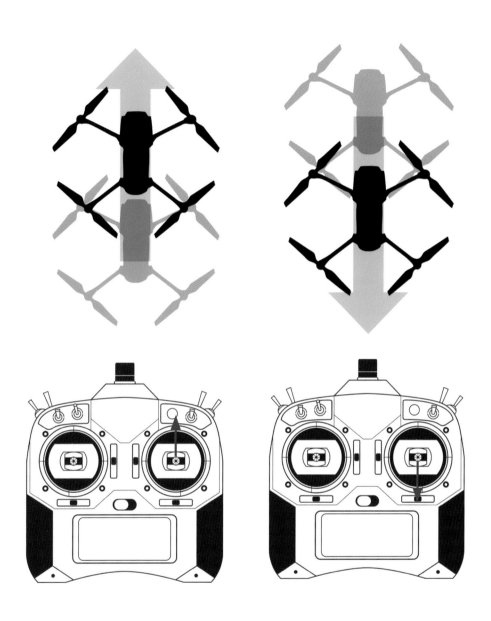

4) 롤(roll)

롤은 드론의 좌우 이동을 조정합니다. 레버를 왼쪽으로 밀면 드론이 왼쪽으로 수평비행하고, 오른쪽으로 밀면 오른쪽으로 수평비행하게 됩니다.

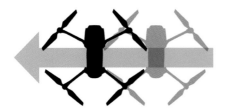 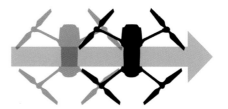

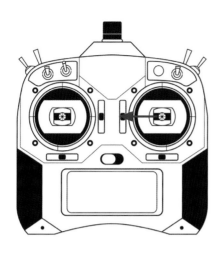 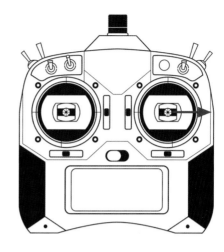

5) 요우(yaw)

요우 또는 요잉은 드론을 좌우회전시키는 동작입니다. 즉 자동차로 따지면 앞머리가 왼쪽으로 돌아가는 좌회전, 오른쪽으로 돌아가는 우회전과 비슷합니다. 다만 드론은 앞으로 나아가면서 방향이 바뀌는 게 아니라 제자리에서도 회전을 할 수 있습니다.

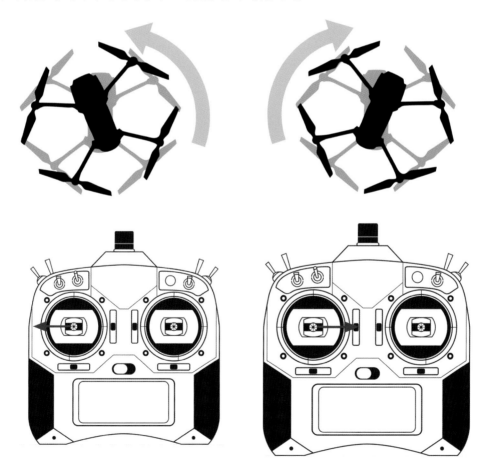

{04} 드론 관련 법규 및 주의사항

여기에서는 드론과 관련한 법규정 및 제반 주의사항들을 알아보겠습니다. 책의 가장 앞부분에도 드론 비행시 주의사항을 간략하게 적어두긴 했지만 되도록 빨리 드론 코딩 본론으로 넘어가기 위해서 필요한 가장 최소한의 내용들만 넣어두었습니다. 여기에서는 조금 더 자세하게 알아보도록 하겠습니다. 다만 내용상 다소 전문적이고 어려울 수도 있어서 추가적인 학습이 필요한 분들만 참고하시면 됩니다. 우리가 본문에서 주로 다뤘던 토이드론을 날릴 때에는 책의 맨 앞 주의사항만 숙지하셔도 충분합니다.

4.1 드론 적용 규정 및 드론의 법규상 분류

드론에 적용되는 법규정은 크게 항공안전법, 항공사업법 등이 있습니다. 특히 항공안전법 및 동법의 시행령, 시행규칙에 많은 내용이 해당됩니다.

드론은 항공안전법상 초경량비행장치에 속하며 이 중에서도 무인비행장치에 속합니다. 항공안전법의 시행규칙에서는 이 무인비행장치를 다시 여러가지로 세부 분류하는데 드론은 이 중에서 무인동력비행장치에 해당합니다.(시행규칙 제5조 제5호 가목)

따라서 드론의 법적 지위는 '초경량비행장치'이며 세부적으로 무인비행장치라고 이해하면 무리가 없습니다.

항공안전법 시행규칙

제5조(초경량비행장치의 기준) 법 제2조제3호에서 "자체중량, 좌석 수 등 국토교통부령으로 정하는 기준에 해당하는 동력비행장치, 행글라이더, 패러글라이더, 기구류 및 무인비행장치 등"이란 다음 각 호의 기준을 충족하는 동력비행장치, 행글라이더, 패러글라이더, 기구류, 무인비행장치, 회전익비행장치, 동력패러글라이더 및 낙하산류 등을 말한다.

    5. 무인비행장치: 사람이 탑승하지 아니하는 것으로서 다음 각 목의 비행장치

        가. 무인동력비행장치: 연료의 중량을 제외한 자체중량이 150킬로그램 이하인 무인비행기, 무인헬리콥터 또는 무인멀티콥터

또한 이하의 내용은 자체 중량 12kg 이하의 비사업용 드론에 대해 정리한 내용임을 밝힙니다. 사업용으로 드론을 활용하거나 중량 12kg을 초과하는 드론의 경우는 법규상 추가적인 제약사항이 있을 수 있으므로 관련 절차를 따라야 합니다. 다만 본 도서에서 대상으로 하는 취미로 드론을 즐기는 입문자라면 거의 대부분 12kg 이하의 드론을 다룰 것이고, 따라서 아래의 주의사항만 잘 지켜도 아무런 문제가 없을 것입니다.

* 참고로 가격이 400만원을 넘는 DJI 의 최상위 촬영용 드론 라인업인 인스파이어 시리즈의 무게가 4kg 이하이며, 농약을 치는 용도인 사람만한 크기의 방제용 드론이 보통 10kg 내외의 무게를 지닙니다.

중량 12kg과 관련된 법규를 살펴보겠습니다. 앞에서 드론이 초경량비행장치에 속한다는 것을 알았습니다. 이때 초경량비행장치는 기본적으로 정부에 신고를 해야 하지만 12kg 이하인 비사업용 드론은 예외 조항에 해당되어 신고하지 않아도 됩니다. (항공안전법 시행령 제 24조)

> **항공안전법**
>
> **제122조(초경량비행장치 신고)** ① 초경량비행장치를 소유하거나 사용할 수 있는 권리가 있는 자(이하 "초경량비행장치소유자등"이라 한다)는 초경량비행장치의 종류, 용도, 소유자의 성명, 제129조제4항에 따른 개인정보 및 개인위치정보의 수집 가능 여부 등을 국토교통부령으로 정하는 바에 따라 국토교통부장관에게 신고하여야 한다. 다만, 대통령령으로 정하는 초경량비행장치는 그러하지 아니하다.
>
> **항공안전법 시행령**
>
> **제24조(신고를 필요로 하지 아니하는 초경량비행장치의 범위)** 법 제122조제1항 단서에서 "대통령령으로 정하는 초경량비행장치"란 다음 각 호의 어느 하나에 해당하는 것으로서「항공사업법」에 따른 항공기대여업 · 항공레저스포츠사업 또는 초경량비행장치사용사업에 사용되지 아니하는 것을 말한다.
>
>   5. 법 제122조제1항 단서에서 "대통령령으로 정하는 초경량비행장치"란 다음 각 호의 어느 하나에 해당하는 것으로서「항공사업법」에 따른 항공기대여업 · 항공레저스포츠사업 또는 초경량비행장치사용사업에 사용되지 아니하는 것을 말한다.

또한 항공안전법 시행규칙에는 드론 조종자의 준수사항도 적혀있습니다. 아래의 사항들이 그것입니다.

* 낙하물 투하 행위 금지

* 인구 밀집 지역이나 그 밖에 사람이 많이 모인 장소의 상공에서 인명 또는 재산에 위험을 초래할 우려가 있는 방법으로 비행하는 행위 금지
* 최대이륙중량이 25킬로그램 이하인 무인비행기가 관제권 또는 비행금지구역이 아닌 곳에서 150 미터 미만의 고도에서 비행하는 것은 가능
* 일몰 후부터 일출 전까지의 야간에 비행하는 행위 금지
* 음주 비행 금지
* 육안으로 확인할 수 있는 범위에서 조종하여야 한다.

보다 자세한 사항은 아래의 법조항을 참고하시기 바랍니다.

> **항공안전법 시행규칙**
>
> **제310조(초경량비행장치 조종자의 준수사항)** ① 초경량비행장치 조종자는 법 제129조제1항에 따라 다음 각 호의 어느 하나에 해당하는 행위를 하여서는 아니 된다. 다만, 무인비행장치의 조종자에 대해서는 제4호 및 제5호를 적용하지 아니한다.
>
> 1. 인명이나 재산에 위험을 초래할 우려가 있는 낙하물을 투하(投下)하는 행위
> 2. 인구가 밀집된 지역이나 그 밖에 사람이 많이 모인 장소의 상공에서 인명 또는 재산에 위험을 초래할 우려가 있는 방법으로 비행하는 행위

3. 법 제78조제1항에 따른 관제공역·통제공역·주의공역에서 비행하는 행위. 다만, 다음 각 목의 행위와 지방항공청장의 허가를 받은 경우는 제외한다.

　가. 군사목적으로 사용되는 초경량비행장치를 비행하는 행위

　나. 다음의 어느 하나에 해당하는 비행장치를 별표 23 제2호에 따른 관제권 또는 비행금지구역이 아닌 곳에서 제199조제1호나목에 따른 최저비행고도(150미터) 미만의 고도에서 비행하는 행위

　　1) 무인비행기, 무인헬리콥터 또는 무인멀티콥터 중 최대이륙중량이 25킬로그램 이하인 것

　　2) 무인비행선 중 연료의 무게를 제외한 자체 무게가 12킬로그램 이하이고, 길이가 7미터 이하인 것

4. 안개 등으로 인하여 지상목표물을 육안으로 식별할 수 없는 상태에서 비행하는 행위

5. 별표 24에 따른 비행시정 및 구름으로부터의 거리기준을 위반하여 비행하는 행위

6. 일몰 후부터 일출 전까지의 야간에 비행하는 행위. 다만, 제199조제1호나목에 따른 최저비행고도(150미터) 미만의 고도에서 운영하는 계류식 기구 또는 법 제124조 전단에 따른 허가를 받아 비행하는 초경량비행장치는 제외한다.

7. 「주세법」 제3조제1호에 따른 주류, 「마약류 관리에 관한 법률」 제2조제1호에 따른 마약류 또는 「화학물질 관리법」 제22조제1항에 따른 환각물질 등(이하 "주류등"이라 한다)의 영향으로 조종업무를 정상적으로 수행할 수 없는 상태에서 조종하는 행위 또는 비행 중 주류등을 섭취하거나 사용하는 행위

8. 그 밖에 비정상적인 방법으로 비행하는 행위

② 초경량비행장치 조종자는 항공기 또는 경량항공기를 육안으로 식별하여 미리 피할 수 있도록 주의하여 비행하여야 한다.

③ 동력을 이용하는 초경량비행장치 조종자는 모든 항공기, 경량항공기 및 동력을 이용하지 아니하는 초경량비행장치에 대하여 진로를 양보하여야 한다.

④ 무인비행장치 조종자는 해당 무인비행장치를 육안으로 확인할 수 있는 범위에서 조종하여야 한다. 다만, 법 제124조 전단에 따른 허가를 받아 비행하는 경우는 제외한다.

⑤ 「항공사업법」 제50조에 따른 항공레저스포츠사업에 종사하는 초경량비행장치 조종자는 다음 각 호의 사항을 준수하여야 한다.

　1. 비행 전에 해당 초경량비행장치의 이상 유무를 점검하고, 이상이 있을 경우에는 비행을 중단할 것

　2. 비행 전에 비행안전을 위한 주의사항에 대하여 동승자에게 충분히 설명할 것

　3. 해당 초경량비행장치의 제작자가 정한 최대이륙중량을 초과하지 아니하도록 비행할 것

　4. 동승자에 관한 인적사항(성명, 생년월일 및 주소)을 기록하고 유지할 것

4.2 공간 및 지역과 관련한 규제

1) 비행이 원칙적으로 금지된 구역 : 비행금지구역, 공항 관제권

항공안전법 시행규칙 제310조에 의하면 비행금지구역 및 관제권에서는 원칙적으로 비행이 금지이고 허가를 받아야 비행할 수 있습니다. 비행금지구역은 청와대 인근 수도권(P-73) 및 휴전선 접경지역(P-518), 원자력연구소(P65), 원전 상공 등이 설정되어 있습니다.

[와우드로]

관제권은 전국의 공항 및 비행장의 반경 9.3km 지역을 의미합니다. 해당 지역에서는 이착륙하는 항공기와의 충돌 등의 우려로 드론의 비행이 엄격하게 금지됩니다.

[와우드로]

우리나라는 작은 땅덩어리에 생각보다 많은 공항이 있음을 알 수 있습니다. 분단 국가의 특성상 공군에서 운영하는 군 비행장이 많은 것이 특징입니다. 최근 영국의 개트윅 공항에서도 정체불명의 드론이 출현하여 공항 활주로가 24시간 넘게 폐쇄되기도 했습니다. 이 사건으로 당시 수만명이 넘는 사람들이 공항에 갇혀서 피해를 입었습니다. 공항 관제권에서의 드론 비행은 아주 심각한 문제를 야기할 수 있으니 절대로 임의로 비행하는 일은 없어야 합니다.

2) 비행이 제한적으로 허용되는 구역 : 비행제한구역

비행제한구역은 원칙적으로 일반지역과 차이가 없습니다. 고도 150m 이내에서는 신고없이 드론을 날릴 수 있습니다. 다만 한가지 주의해야 할 사항이 있습니다. 바로 서울 지역은 비행제한구역임에도 불구하고 신고가 필요하다는 것입니다. 개인적으로는 드론을 날리시려면 맘편하게 서울은 포기하고 경기도 정도로 나가는 것을 추천드립니다.

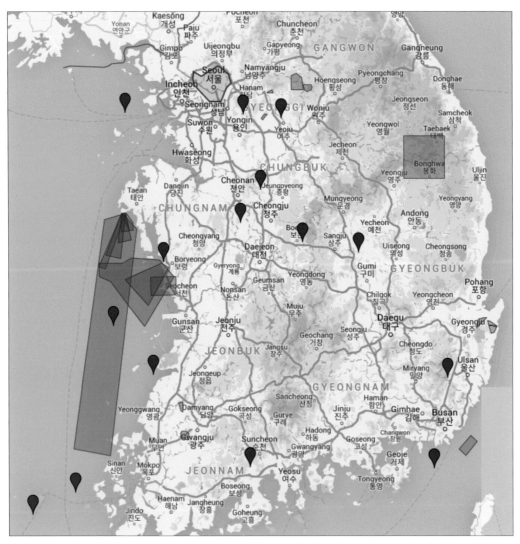

[와우드로]

3) 사전신고 없이 비행이 가능한 지역

한편 드론 전용으로 비행이 허용된 지역도 있습니다. 아직은 숫자가 매우 적지만 계속해서 늘어나길 희망합니다. 대표적으로 광나루 한강 드론공원이 있습니다. 또한 가양대교 북단에 마련된 RC 비행장도 동호회에서 자주 이용하는 곳 중에 하나입니다. 이것도 역시 와우드로 페이지에 가면 잘 정리가 되어 있습니다.

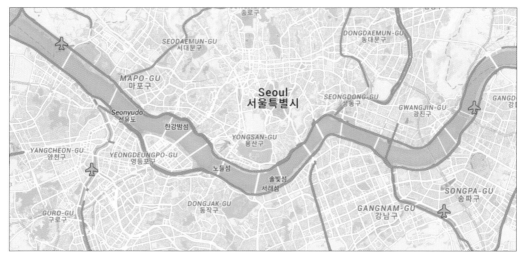

[와우드로]

4.3 기타 주의사항

1) 시간 관련 규제

앞에서 잠깐 살펴보았지만 **항공안전법 시행규칙 310조 1항 6호**에 의해 일출후부터 일몰전까지, 즉 야간에는 드론을 날리면 안 됩니다. 사전 허가를 받으면 비행할 수 있지만 야간 비행 허가는 특별한 일이 아니면 잘 나오지 않습니다. 실제로 해질녘의 어스름한 시간만 되도 드론을 육안으로 분별하기가 어려워지고 전깃줄이나 가느다란 나뭇가지 등 장애물을 피해서 비행하는 것이 매우 어렵습니다. 야간 비행용으로 특별한 장비가 장착된 것이 아닌 일반 취미용 드론으로는 야간 비행을 삼가야 합니다.

2) 인구 밀집 지역

항공안전법 시행규칙 310조 1항 2호에 의하면 '인구 밀집 지역이나 그 밖에 사람이 많이 모인 장소의 상공에서 인명 또는 재산에 위험을 초래할 우려가 있는 방법으로 비행하는 행위'를 금지하고 있습니다. 즉 비행금지구역이 아니라 일반구역일지라도 사람이 많이 모여있는 장소 위에서는 드론을 날리면 안 됩니다. 대표적으로 여름철의 해수욕장이나 사람이 많이 몰리는 콘서트장 등이 있습니다.

또한 일부 공원같은 경우 내부 운영규정으로 드론 비행을 금지한 곳이 있습니다. 이 경우도 법적으로 과태료 부과되는 처분을 받지는 않더라도 규정에 따르는 것이 바람직합니다. 여러 사람들이 이용하는 시설에서 드론을 날리는 행위가 당연히 보장되는 권리는 아니기 때문입니다.

이상으로 드론과 관련한 법규정 및 규제, 주의사항 등을 알아보았습니다. 생각보다 무척 많은 규제들이 있고 사실 서울에서 드론을 날리기는 여간 어려운 일이 아닙니다. 다만 이것이 단순히 꽉막힌 규제와만 관련된 것은 아니고 안전사고와도 직결된 부분이 있기 때문에 드론을 즐길 때 반드시 규정을 지키는 습관을 들이는 것이 좋습니다.

드론 초심자의 어려움을 해소하기 위해 서울 내에서 즐길 수 있는 비행장 정보를 알려드렸고, 또 경기도로만 나가도 훨씬 드론을 날릴 수 있는 장소가 많아지기 때문에 가급적 드론 비행이 자유로운 장소에 가서 비행을 하도록 합니다.

몇가지 좋은 점은 이상의 제한들은 실외에서 비행할 때 적용되는 것이고 실내에서 드론을 날릴 때에는 특별히 규정상 제한되는 것이 없으니 우리가 앞서서 살펴본 토이드론을 통한 코딩은 실내에서 대부분 가능하다고 보면 됩니다. 다만 사람들이 많이 있는 공간에서는 비행하면 안 되겠죠? 또한 최근 법규 정비를 통해 드론 비행의 제약사항들을 완화하려는 움직임이 활발합니다.

대표적으로 드론의 비행 고도를 150m로 제한해 놨는데 이것을 300m로 높이는 개정안이 나와서 현재 국회에서 검토중입니다. 아마도 2019년 부터는 드론 비행 고도가 높아질 것 같습니다. 또한 이

법규정에 야간 비행에 대한 사항도 있다고 하니 야간 드론 비행이 이전보다 조금은 더 수월해지지 않을까 싶습니다. 자세한 내용은 공포되는 법규정 개정안을 확인하시기 바랍니다.

코딩 드론 대회

즐기며 코딩 배우고~ 대학진학에 도전하자!

드론을 활용한 자율 비행 미션은 직접 설계한 드론 제어 시나리오와 미션 수행 알고리즘을 통해 일상 생활에 도움을 줄 수 있는 문제를 해결하고, 직접 발표하는 시간을 가져 성취감 뿐만 아니라 더욱 심층적인 컴퓨팅적 사고 능력과 코딩 능력을 학습하도록 합니다.
또한 '드론 볼링', '드론 컬링' 등을 즐기며 자연스럽게 학습할 수 있는 차별화된 대회 콘텐츠를 통해 재미와 교육 효과를 동시에 얻을 수 있습니다.

로보링크 는?

Global Edutainment Company 로보링크는 로봇 에듀테인먼트 사업과 더불어 국내외 소프트웨어 교육의 활성화를 위해 다양한 코딩 교육 컨텐츠를 연구·개발하고 있습니다. 누구나 로보링크의 컨텐츠를 활용하여 쉽게 코딩할 수 있습니다.

오시는 길

주소 | 서울특별시 강남구 도곡로 439 로보링크 본사
(대치동 940-10, 신화빌딩)
문의 | contact@robolink.co.kr
T. 02-554-8862 F. 02-554-8860
홈페이지 | www.robolink.co.kr

4월 출시

드론과 함께 즐기며 **코딩**을!

codrone II

Industrial 4.0 Future Toy **Fly drone !**

What's new?

코드론 II는 DIY 조립식 드론으로 각 파츠를 분리할 수 있어 센서 추가 또는 부품 교체 및 재조립이 용이합니다.

- 하우징
- 전방 센서
- 카메라 모듈
- 프로펠러 가드
- 코드로더
- 프로펠러

'코드론 II'의 성능!

코드론 II 하드웨어의 특징을 한 눈에 살펴봅시다.

비행 시간 최대 7분	DIY 형태로 여러 센서와 확장가능	RF 방식 통신
비행 거리 RF 50m	3축 자이로 센서 및 3축 가속도 센서	고도 측정을 위한 압력 거리 센서
가로 180 x 세로 190	호버링을 위한 옵티컬/블루투 센서	기압 센서

'코드론 II'의 무한 확장성 !

전용 조종기를 통해 RC의 원리와 코딩을 학습합니다.

- 실시간 좌표 및 제어 각도 확인
- 이동거리 측정 및 표시
- 리턴 홈 기능
- 스마트 폰 앱을 활용한 코딩 교육

다양한 코딩 프로그램과 연동하여 드론을 제어합니다.

- 드론 시뮬레이터를 통한 위치기반 가상 드론 비행 연습
- 로킷 브릭을 통한 블럭 코딩 학습
- 아두이노를 사용한 연동 프로그램 학습
- 파이썬을 활용한 코딩 연동 가능

DIY 센서 탑재로 다양한 컨트롤이 가능합니다.

- IR range 센서를 통한 전방 감지
- 추가 감지 센서를 통한 3방향 감지
- 카메라 모듈을 통해 영상 촬영
- 옵티컬 센서를 사용한 오토 호버링 기능

로보링크에서는 드론 SW와 교육 자료를 무료로 배포하고 있습니다. 모든 자료는 '로보링크 교육·기술 지원 사이트'에서 다운받으실 수 있습니다. robolinksw.com

---

자세한 내용은 www.robolink.co.kr에 있습니다.

유튜버가 알려주는 모바일 앱

1판 1쇄 인쇄 2019년 5월 10일
1판 1쇄 발행 2019년 5월 15일

—

지 은 이 문근민 · 박현택
발 행 인 이미옥
발 행 처 디지털북스
정　　가 18,000원
등 록 일 1999년 9월 3일
등록번호 220-90-18139
주　　소 (03979) 서울 마포구 성미산로 23길 72 (연남동)
전화번호 (02)447-3157~8
팩스번호 (02)447-3159

—

ISBN 978-89-6088-257-7 (13000)
D-19-11
Copyright ⓒ 2019 Digital Books Publishing Co., Ltd

DIGITAL BOOKS
디지털북스